NOUVELLE BIBLIOTHÈQUE SCIENTIFIQUE A TROIS FRANCS

LES CONFINS
DE LA
SCIENCE
ET DE LA
PHILOSOPHIE

par le P. I. CARBONNELLE S. J.

DEUXIÈME ÉDITION
TOME II.

SOCIÉTÉ GÉNÉRALE DE LIBRAIRIE CATHOLIQUE

PARIS	BRUXELLES
VICTOR PALMÉ, Directeur général	**J. ALBANEL**, Dr de la succursale
76, rue des Saints-Pères.	12, rue des Paroissiens.

GENÈVE
GROSSET et TREMBLEY, Libraires-Éditeurs
4, rue Corraterie, 4.

BIBLIOTHEQUE NATIONALE DE FRANCE
3 7531 024729015

LES CONFINS DE LA SCIENCE

ET DE LA PHILOSOPHIE

BRUXELLES. — IMPRIMERIE ALFRED VROMANT.

LES CONFINS

DE LA

SCIENCE

ET DE LA

PHILOSOPHIE

par le P. I. CARBONNELLE S. J.

TROISIÈME ÉDITION
TOME II.

SOCIÉTÉ GÉNÉRALE DE LIBRAIRIE CATHOLIQUE

PARIS | BRUXELLES
VICTOR PALMÉ, Directeur général | J. ALBANEL, Dr de la succursale
76, rue des Saints-Pères. | 12, rue des Paroissiens

GENÈVE
GROSSET et TREMBLEY, Libraires-Éditeurs
4, rue Corraterie, 4.

TOUS DROITS RÉSERVÉS

LES CONFINS DE LA SCIENCE
ET
DE LA PHILOSOPHIE

CHAPITRE VI.

LES ACTIONS VITALES. — LES FORCES VOLONTAIRES.

Sommaire. — Le volontaire dans le monde matériel. — Les phénomènes vitaux. — Deux questions à étudier. — Il y a des actions matérielles soustraites à la nécessité. — L'harmonie préétablie — Les actions purement atomiques sont nécessaires. — Le volontaire ne se montre que dans la classe des phénomènes nerveux. — Y a-t-il dans les autres classes un caractère ultra-atomique ? — Phénomènes de chimie organique. — Phénomènes d'organisation. — Phénomènes purement mécaniques — Les forces mécaniques volontaires. — M. Boussinesq. — Exposé élémentaire de sa découverte — Application qu'il en fait aux mouvements volontaires, — Réfutée par la considération des *solutions instables*. — Conclusion : Il existe des forces mécaniques volontaires.

Les phénomènes matériels étudiés jusqu'ici doivent tous être rangés dans la catégorie des phénomènes *nécessaires*, non qu'ils soient tels *à priori*, mais parce qu'ils sont dans tous leurs détails une conséquence rigoureuse des lois générales et d'un état antérieur dit initial. Il en est d'autres que nous avons plusieurs fois déjà désignés sous le nom de *volontaires*, et la fin du chapitre précédent nous a montré leur importance ; car ils font partie de ces actes libres dont, grâce à la providence divine, les lois générales et l'état initial du monde ne sont eux-mêmes qu'une simple conséquence. Ce sont ces actes libres qui donnent au plan de l'univers son véritable caractère et sa véritable grandeur. Essentiellement soustraits à l'enchaînement des causalités, qui seul peut révéler les événements futurs à un être fini, ils n'appartiennent qu'à la prescience éternelle de Celui pour qui tout est présent ; et, puisqu'ils sont en réalité la clef de voûte de l'univers, ils font de ce vaste édifice une œuvre exclusivement providentielle, dont le plan dépasse la portée de toute intelligence créée. Nous avons vu, ou plutôt nous voyons sans cesse que ce concept de la création, tout sublime qu'il est, se trouve gravé au fond de toutes les consciences ; c'est lui qui se manifeste dans tous les hommes par l'invincible croyance à la providence spéciale et par le besoin impérieux de la prière.

L'orgueil rougit de ce besoin ; il est des hommes qui, pour ne pas s'avouer qu'ils ont un maître, essaient à certaines heures de se persuader qu'ils ne sont que des machines. Il leur faut alors un monde sans Providence, un homme sans liberté ; aussi tout leur univers tient dans les atomes, fatalement gouvernés par les équations de la dynamique. Ils n'y voient plus d'autre grandeur que celles de l'espace et du temps. Ils le développent sans limites, il est vrai, dans le mystérieux non-sens de l'infini, et ils nous donnent comme seule capable de le comprendre une intelligence immensément supérieure à celle de l'homme ; mais on ne peut, après tout, s'empêcher de voir que toutes les opérations de cette vaste intelligence pourraient être exécutées par une machine à calculer. Voici, par exemple, ce qu'affirme, sans la moindre preuve, M. Émile du Bois-Reymond, professeur à l'Université de Berlin :

« On peut concevoir une connaissance de la nature telle que tous les phénomènes de l'univers y seraient représentés par une formule mathématique, par un immense système d'équations différentielles simultanées, qui donneraient pour chaque instant le lieu, la direction et la vitesse de chaque atome de l'univers. « Une intelligence, « dit Laplace, qui, pour un instant donné, connaî-

« trait toutes les forces dont la nature est animée,
« et la situation respective des êtres qui la com-
« posent, si d'ailleurs elle était assez vaste pour
« soumettre ces données à l'analyse, embrasse-
« rait dans la même formule les mouvements des
« plus grands corps de l'univers et ceux du plus
« léger atome : rien ne serait incertain pour elle,
« et l'avenir comme le passé seraient présents à
« ses yeux. L'esprit humain offre, dans la per-
« fection qu'il a su donner à l'astronomie, une
« faible esquisse de cette intelligence. » *(Essai philosophique sur les probabilités.)*

» En effet, de même que l'astronome n'a qu'à donner au temps, dans les équations de la lune, une certaine valeur négative, pour y démêler si, lorsque Périclès s'embarquait pour Épidaure, le soleil était éclipsé au Pirée ; de même l'intelligence conçue par Laplace, pourrait, par une discussion convenable de sa formule universelle, nous dire qui fut le Masque de fer ou comment le *Président* coula à fond. De même que l'astronome prédit le jour où, du fond de l'espace, une comète revient après des années émerger à la voûte céleste ; de même cette intelligence lirait dans ses équations le jour où la croix grecque brillera sur la mosquée de Sainte-Sophie, et celui où l'Angleterre brûlera son dernier morceau de houille. En faisant dans sa formule $t = -\infty$, elle découvrirait le mystérieux état initial des choses ; elle verrait, dans l'espace infini, la matière soit déjà en mouvement, soit inégalement distribuée ; car, dans une distribution uniforme, l'équilibre instable n'aurait jamais été troublé. En faisant croître t positivement et sans limite, elle apprendrait si un temps fini, ou seulement un temps infini amènera cette immobilité glacée dont la loi de Carnot menace l'univers [1]. »

M. du Bois-Reymond est, on le voit, plus franchement fataliste que Laplace. Les deux événements futurs qu'il prend pour exemples, sont de ceux qui, d'après le sens commun, dépendent de la liberté ; et en prétendant que sa formule universelle permettrait de les prédire à coup sûr, il les dépouille nettement d'une note caractéristique qui, toujours d'après le sens commun, appartient essentiellement aux actes volontaires. Pour appuyer une doctrine si étrange, il n'apporte pas, il n'essaie pas même d'apporter un argument. Mais nous aurions tort de nous en étonner ; il y a des théories où la preuve ne manque jamais de com-

---

[1] *Ueber die Grenzen des Naturerkennens*, ein Vortrag in der zweiten öffentlichen Sitzung der 45. Versammlung deutscher Naturforscher und Aerzte zu Leipzig am 14 August 1872 gehalten.

promettre la thèse. Les positivistes nous ont depuis longtemps habitués à ces façons d'agir ; on n'a plus le droit de leur demander des preuves, et l'on doit toujours admettre *à priori* que le sens commun se trompe quand il est clairement d'accord avec la religion.

Nous sommes d'une école plus modeste qui, dans les sciences et la philosophie, n'impose que ce qu'elle peut établir par de solides arguments. Nous raisonnerons donc, même pour montrer que le sens commun n'a pas tort ; nous prouverons l'existence de phénomènes volontaires qui, bien que matériels et soumis dans une certaine mesure aux lois de la dynamique, ne peuvent pourtant être prévus par elle. Au fond toutes les questions qu'il nous reste à traiter dans la suite de ce travail, contribueront à cette démonstration ; car elles auront toutes pour objet les actions vitales et, comme nous le montrerons au chapitre ix, toute action vitale suppose le volontaire, sinon en elle-même et dans sa cause immédiate, du moins dans une cause éloignée; mais, déjà dans ce chapitre, nous verrons clairement, dans toute une catégorie de phénomènes vitaux, cette note caractéristique et indubitable que les matérialistes s'efforcent de ne point voir. Le passage médiocrement scientifique que nous venons de citer, et qui n'est pas le seul de ce genre dont l'auteur soit un savant, suffira pour montrer l'importance morale et philosophique de l'étude que nous abordons.

Il n'est pas nécessaire, pour préciser les questions à traiter, de donner ici des phénomènes vitaux soit une définition scientifique, soit une description détaillée. Commencer par une définition capable d'en caractériser la nature et de les différencier exactement parmi tous les autres serait, nous semble-t-il, s'exposer à préjuger ces questions. Toute définition de mots serait d'ailleurs inutile et l'on n'y gagnerait rien pour la clarté. A quoi bon supposer que le lecteur ne peut pas distinguer entre ce qu'il appelle les corps vivants et les corps bruts, entre les phénomènes spéciaux qu'il observe dans les premiers et ceux qui se montrent également dans les uns et les autres ?

Au contraire, une description détaillée de ces phénomènes serait fort utile ; elle préciserait et développerait cette connaissance un peu vague et confuse qui nous dispense de la définition. Mais à quoi reviendrait-elle ? A un véritable traité de physiologie générale avec ses pièces anatomiques et ses expériences. Sans compter les nombreux liquides qui se sécrètent et fonctionnent chimiquement dans la plupart des organes, il faudrait décrire la cellule et les autres éléments histologiques [1], dire ce que l'on sait de leur nutrition, de leur reproduction, de leurs fonctions et de leur mort ; montrer comment il se fait entre ces éléments des associations d'où résultent les organismes des plantes et des animaux, comment ces associations, fondées sur le principe de la division du travail, ont généralement pour résultat une exécution plus parfaite des fonctions organiques, puis exposer avec ordre les grandes fonctions d'un organisme complet, suivre dans toute l'économie les gaz et les liquides absorbés ou sécrétés, et les organes mobiles, tels que les globules du sang, charriés par les liquides à travers le corps vivant, expliquer enfin, autant qu'on le peut aujourd'hui, l'accroissement et le renouvellement de toutes leurs parties, la génération de nouveaux organismes semblables aux premiers ; et, dans les animaux, les admirables phénomènes dont les muscles et surtout le système nerveux sont le théâtre. Il faudrait même considérer tout ce qu'il y a de spécial aux corps vivants dans leurs relations avec le monde extérieur, avec la

---

[1] ἱστός, tissu.

lumière et la chaleur, avec l'atmosphère, avec les eaux des fleuves et des mers, avec tout ce qui leur sert d'aliments ou leur donne un moyen de déployer leur activité vitale. Évidemment nous devons y renoncer, mais nous ne le faisons qu'en signalant la grande importance et le vif intérêt qu'il convient d'accorder aux recherches de la physiologie. Relativement récente, cette physique des phénomènes vitaux a déjà fait de grandes découvertes ; et comme il arrive toujours, en s'organisant, en avançant, elle a vu reculer les bornes de son horizon, elle a vu surgir des problèmes difficiles et nombreux dont, à ses débuts, elle ne soupçonnait pas l'existence. Tout avantageuses que seraient pour notre étude ces connaissances détaillées, elles ne sont pas rigoureusement indispensables ; car nous n'essaierons jamais, dans la suite de ce travail, de faire des découvertes physiologiques. Quant au chapitre actuel, ce que nous allons rechercher, le voici.

Y a-t-il dans les phénomènes vitaux d'autres actions matérielles que les actions atomiques étudiées jusqu'ici, et par suite nous révèlent-ils l'existence de nouveaux agents ? Quelle nature, quelle puissance active particulière faudrait-il reconnaître à ces nouveaux agents, à ces nouvelles causes substantielles ?

Il serait sans doute impossible de répondre à ces deux questions, si l'on ignorait complètement la physiologie ; mais une analogie bien simple va nous montrer qu'une étude approfondie de cette science n'est pas indispensable pour les aborder utilement. Tous nous voyons et nous admettons que les plantes et les animaux nous présentent au moins de merveilleux organismes, c'est-à-dire des machines dont les divers organes combinent admirablement leurs fonctions pour obtenir certains résultats. Sous ce rapport ils ressemblent à nos modestes machines artificielles, à nos montres, à nos orgues, à nos locomotives. Supposons qu'en voyant fonctionner ces dernières on se demande : Y a-t-il dans les phénomènes spéciaux de la montre, de l'orgue, de la locomotive, des éléments différents de ceux qui composent les autres phénomènes du règne minéral ? Faut-il admettre quelque nouvelle puissance active, intelligente ou non, qui se révélerait à nous dans le jeu de ces machines ? Remarquez que cette seconde question ne porte pas sur l'existence et l'intelligence de leur constructeur, mais sur la nature des agents qui les font fonctionner. Devant un pareil problème, un sauvage, qui verrait ces machines pour la première fois, pourrait hésiter à répondre ; peut-être même il se tromperait sans hésiter. Mais il est évident qu'après les avoir vues fonctionner assez souvent, sans avoir jamais fait un cours de physique, tout homme du monde répondra non, sans crainte de se tromper. Il est bien entendu que je ne veux pas pousser le lecteur à résoudre négativement, par analogie, la question relative aux phénomènes vitaux ; je veux seulement montrer qu'il est permis d'aborder et même de résoudre un problème analogue, sans une connaissance approfondie de ce qu'on pourrait appeler la physiologie de nos machines artificielles.

Mais votre analogie cloche, me dit-on. Ce qui autorise les gens du monde, sans physique et sans mécanique, à répondre sûrement à votre question, c'est l'origine artificielle de ces machines. Ils savent qu'elles ont été construites par d'autres hommes, que ceux-ci n'ont pu y mettre que des éléments puisés dans un certain milieu, et que par conséquent ces éléments et leurs combinaisons doivent être de la même nature que ce milieu lui-même. Les organismes végétaux et animaux sont des machines naturelles. Que savons-nous du grand réservoir des possibles où puise leur constructeur ? Ne faut-il pas dès lors, pour suppléer à notre ignorance, une connaissance beaucoup plus approfondie des organes et du jeu de ces machines vivantes ?

Je reconnais la force de cet argument, mais il ne faudrait pas l'exagérer. Les corps vivants ne sont pas les seules machines naturelles que nous connaissons; il en est d'autres pour lesquelles nous pouvons résoudre notre problème sans une connaissance bien détaillée de leurs phénomènes spéciaux. Ainsi l'on n'a pas attendu les derniers progrès de la mécanique céleste, pour débarrasser le système solaire des substances intelligentes, chargées autrefois de pousser et de conduire les planètes dans l'espace. Autre exemple. La terre, considérée dans son ensemble, avec ses continents, ses bassins et ses chaînes de montagnes, avec ses volcans, ses déserts et son atmosphère, avec ses fleuves et ses mers, est une véritable machine naturelle. Elle a des veines et des artères, avec une circulation incessante d'eaux, de vapeurs et de glaces, qui ici désagrège d'anciens organes, là en construit de nouveaux ; elle est soumise aux influences d'un milieu cosmique où l'on peut dire qu'elle se nourrit de chaleur et de lumière, et sur lequel elle réagit à son tour. Il faut probablement en dire autant de tous les autres corps célestes. Et pourtant, si la réponse a pu jadis être douteuse, si certains philosophes de l'antiquité ont vu dans les corps célestes, les uns des pierres, d'autres des animaux, il est bien certain qu'on n'a pas non plus attendu les derniers progrès de la géologie pour être parfaitement fixé sur la question. Depuis longtemps, on ne demande qu'aux forces minérales l'explication de ces phénomènes quasi-vitaux, on n'y suppose plus d'autres agents que les substances atomiques. De même, disons-nous, il ne doit pas être impossible d'arriver à une solution satisfaisante de notre problème, sans attendre les perfectionnements futurs de la physiologie, sans exposer même l'état actuel de cette science.

De plus, comme nous n'avons pas à faire l'historique de la question, nous pouvons nous dispenser de définir tout un vocabulaire de mots abstraits, depuis longtemps créés par les philosophes qui l'ont étudiée. Tels sont, par exemple, pour désigner les solutions plus ou moins différentes proposées jusqu'ici, les noms de mécanicisme, dynamisme physico-chimique, organicisme, histologisme, vitalisme, animisme et d'autres encore. Nous préférons renoncer à l'emploi de ces termes, et nous le pouvons sans nous priver d'aucun avantage. Les chapitres précédents ont fixé le sens de mots scientifiques qui nous suffiront amplement. Ces mots, je prie le lecteur de se le rappeler, n'ont jamais été employés que dans le sens rigoureux de leurs définitions. Force, travail, force vive, énergie, et tout le vocabulaire de la mécanique ont partout et toujours représenté les mêmes idées, idées assez nettes d'ailleurs pour se traduire facilement en nombres. Le mot *corps* est peut-être le seul de ces termes caractéristiques qui ait, suivant les circonstances, reçu deux acceptions différentes, représentant parfois l'ensemble des phénomènes qui se passent dans un lieu donné, parfois l'ensemble des agents, causes substantielles de ces phénomènes. Aussi je ne crois pas qu'on soit exposé à se méprendre sur la portée exacte des propositions établies jusqu'ici. Que la philosophie veuille bien me le pardonner, je doute réellement qu'on puisse apporter la même netteté dans les questions que nous traitons, en puisant exclusivement dans son dictionnaire.

Pour répondre à la première de nos deux questions, commençons par montrer clairement, dans toute une catégorie de phénomènes vitaux, une note caractéristique que n'admet pas l'action purement atomique. Cette note, c'est le volontaire qui, sans les soustraire complètement aux lois de la dynamique, fait cependant qu'ils n'en sont pas une conséquence rigoureuse, et qu'ils ne peuvent être prévus par elle. On sait assez que, pour les actes humains, c'est là une thèse de sens commun et que, par suite, ceux qui la nient peuvent à chaque instant être surpris en flagrant délit de contradiction avec eux-mêmes ; car ils l'admettent sans cesse dans la pratique de leur vie quotidienne, bien qu'ils la rejettent ordinairement quand ils sont à l'état dogmatique. L'histoire d'ailleurs nous apprend que les matérialistes ne se sont résignés à la rejeter que malgré eux, lorsque le progrès des sciences les eut forcés à reconnaître le nécessaire dans les phénomènes purement atomiques. Le lecteur n'a pas oublié les beaux vers de Lucrèce [1], cités plus haut vers le milieu du chapitre premier :

Libera per terras unde hæc animantibus exstat,
Unde est hæc, inquam, fatis avolsa voluntas,
Per quam progredimur, quo ducit quemque voluptas ?...

Il n'a pas oublié l'éloquence avec laquelle le poète matérialiste en appelle au volontaire pour établir la *déclinaison* des atomes imaginée par Épicure. Mais qu'importe ici l'histoire? Nous avons promis des arguments pour faire voir que le sens commun a raison contre des adversaires qui ne raisonnent guère.

[1] *De rerum natura*, L. II, v. 256.

Il est bien aisé d'exposer ces arguments, si l'on se rappelle ce que nous avons dit au chapitre III, lorsqu'il s'agissait de former le concept des causes substantielles. Chacun de nous a de lui-même une connaissance directe, parfaitement distincte et même indépendante de la connaissance qu'il a aussi de ses propres actions ; nous en avons la preuve dans la certitude absolue avec laquelle nous reconnaissons notre simple individualité à travers la multiplicité de nos actes, notre identité à travers leur succession. Cette connaissance directe est précisément ce qui nous permet d'acquérir une connaissance indirecte des autres agents ; car nous n'avons aucun sens qui nous mette en rapport immédiat avec leur substance ; nous ne connaissons directement que leurs actions, mais, grâce à l'analogie, nous voyons derrière elles les substances capables de les produire. Ainsi, des actions directement connues nous concluons l'activité, et l'existence d'un support substantiel de cette activité. Mais, pour nous-mêmes, on peut dire que nous nous voyons face à face au fond de notre conscience, que nous y voyons l'activité même qui nous constitue. Aussi nous connaissons, nous sentons par le sens intime, non seulement ce que nous faisons, c'est-à-dire nos actions, mais encore ce que nous pouvons faire, c'est-à-dire notre puissance active, notre activité. Aussi, en posant un acte, nous savons que c'est un acte libre, parce que nous nous sentons capables de ne pas le poser et même de faire le contraire. Cette conviction de sens intime s'impose à nous si bien qu'il nous est presque toujours impossible de la rejeter, et elle nous revient opiniâtrément malgré toutes les négations. De toutes les vérités de fait il n'en est pas pour nous de plus évidente et de plus impérieuse. Tant pis pour le matérialisme, qui est obligé de la contredire. Je ne prétends pas que le matérialiste qui déclare ne pas la voir manque de sincérité, mais je suis sûr qu'il est au moins aussi sincère quand, bientôt après, dans l'usage de la vie, dans ses rapports avec ceux qui lui plaisent et surtout avec ceux qui lui déplaisent, il s'en montre parfaitement convaincu. Eh bien, puisque cette liberté que nous voyons si bien, se trouve dans un grand nombre de nos actions matérielles, dans nos mouvements musculaires par exemple, il s'ensuit qu'il y a des phénomènes matériels qui, suivant notre bon plaisir, peuvent être ou ne pas être, et qui par conséquent ne sont pas un effet nécessaire de l'état antérieur des atomes dans l'univers et des lois de la dynamique.

Mais notre thèse va plus loin, et le sens intime

prouve quelque chose de plus. Sans être un effet nécessaire de l'état antérieur du monde, mon acte volontaire pourrait encore, par le renversement de la relation, être rigoureusement lié avec lui. On connaît le système de l'harmonie préétablie, imaginé par Leibnitz pour expliquer l'influence de l'âme sur le corps. Dans ce système l'acte volontaire de l'homme ne serait pas le phénomène matériel, il serait tout intérieur, tout spirituel. Dieu aurait disposé l'état initial du monde de façon qu'à chaque moment, sans lien immédiat, le résultat matériel voulu coïncidât de lui-même avec la volition.

Il n'y aurait donc qu'une relation éloignée de causalité entre nos actes intérieurs et les actes matériels qui semblent en résulter, absolument comme entre la prière et le bienfait qu'elle obtient. Toute la série des phénomènes où interviennent les substances atomiques n'aurait d'autre cause immédiate que ces substances inintelligentes ; elle serait rigoureusement déterminée, dans tous ses détails, par les lois de la dynamique. On voit par là, pour le dire en passant, combien le système de l'harmonie préétablie diffère du plan providentiel exposé au chapitre précédent. Leibnitz, nous semble-t-il, ne l'aurait pas imaginé s'il n'avait commencé par croire, bien à tort selon nous, qu'il n'y a pas moyen d'expliquer autrement l'influence de l'âme sur le corps. Quoi qu'il en soit, et malgré la grande autorité de son auteur, nous ne craignons pas d'affirmer que cette hypothèse est formellement contredite par le sens intime. Celui-ci nous révèle en effet que le libre arbitre, la liberté interne de notre volonté, est une partie essentielle de notre nature, que par conséquent celui-là seul peut l'anéantir qui peut nous anéantir nous-mêmes. Aucune puissance finie ne peut donc nous le ravir, aucune ne peut nous faire vouloir malgré nous. Et cependant, dans le système de l'harmonie préétablie, non seulement l'intelligence imaginée par Laplace et rappelée par M. du Bois-Reymond, mais probablement une intelligence beaucoup moins pénétrante et moins bien renseignée, pourrait venir nous dire : A tel instant précis vous voudrez lever le bras, à tel autre instant vous voudrez marcher, ensuite vous voudrez prononcer telles paroles, vous commettrez telle bonne ou telle mauvaise action ; car j'ai vu dans mes équations qu'à ces instants ces divers mouvements doivent être exécutés par votre organisme, et les mouvements de votre organisme ont été prédisposés pour correspondre infailliblement à vos volitions. Cette intelligence pourrait ainsi nous prédire tous nos actes à la suite les uns des autres, et elle ne se tromperait pas. Or n'est-il pas vrai qu'en agissant ainsi, elle supprimerait entièrement notre libre arbitre ? Et cependant le sens intime nous révèle clairement que notre libre arbitre est supérieur à ses atteintes ; il nous rend parfaitement certains que, si de pareilles prédictions nous étaient faites, nous serions maîtres de leur infliger un complet démenti. Cette certitude n'admet pas le moindre doute, elle résulte de la vue claire et distincte de la vérité. Il est donc également certain, non seulement que l'harmonie préétablie est une erreur, mais plus généralement qu'aucun de nos actes matériels volontaires ne peut être prévu directement et avec certitude par un être créé. Il ne peut donc être lié à l'état de l'univers par une liaison rigoureuse qui rendrait possible une pareille prévision.

Il nous reste à montrer que cette note est caractérisque, qu'elle n'appartient pas à l'action purement atomique. Ce point, il est vrai, n'est pas contesté et, jusqu'à ces derniers temps, on ne craignait pas d'ajouter qu'il n'était pas contestable. On en pouvait donner deux démonstrations fondées sur l'expérience et l'induction. La première partait de ce fait que tous les phénomènes physico-chimiques se reproduisent invariablement les mêmes dans les mêmes circonstances, fait absolument général et qui n'a jamais rencontré que des exceptions apparentes, dues à une connaissance imparfaite des circonstances, et bientôt supprimées par une recherche plus éclairée. Cette démonstration, que nous jugeons inutile de développer, conserve aujourd'hui toute sa force, et rien ne paraît devoir l'ébranler. La seconde partait de ce fait, déjà signalé bien souvent au cours de cette étude, que les forces atomiques, exactement exprimables en nombres, doivent permettre de représenter tout phénomène purement atomique par un système d'équations différentielles, joint à la connaissance de l'état initial. Or, d'un côté, les conditions initiales déterminent *à un instant donné* les positions de tous les atomes, et les vitesses avec lesquelles ces positions commencent *alors* à varier, et d'un autre côté les équations différentielles déterminent, d'une manière continue pendant tout le phénomène, les variations des vitesses elles-mêmes. L'on concluait de là que, de proche en proche, tous les états antérieurs et postérieurs du système atomique se trouvaient nécessairement et parfaitement déterminés. Mais, depuis quatre ans, un mathématicien distingué, M. Boussinesq, professeur à la faculté officielle des sciences de Lille, a tiré de l'oubli et développé une remarque curieuse et parfaitement juste qui, si elle avait réellement la portée qu'il lui attribue, infirmerait considérablement cette seconde démonstration. Nous exposerons cette remarque plus loin dans ce même chapitre, et nous espérons montrer fort clairement qu'elle n'ébranle absolument rien, que l'on peut toujours conclure des équations de la dynamique à la parfaite détermination de tout phénomène purement atomique.

Nous pouvons donc déjà donner une réponse affirmative à notre première question : Il y a, dans certains phénomènes vitaux, des actions matérielles différentes des actions atomiques. Il y a par conséquent, dans la nature, des activités autres que les puissances aveugles qui se manifestent dans les phénomènes physico-chimiques ; il y a par conséquent d'autres agents que les substances atomiques. Contentons-nous, pour le moment, de les désigner par le mot *volontaire;* nous aurons plus d'une fois à y revenir ; mais avant d'aborder à leur sujet notre seconde question, tâchons d'évaluer approximativement l'étendue que, dans le domaine des actions vitales, couvre le champ des actions volontaires.

Le criterium du sens intime, auquel nous avons

eu recours, reste muet pour les actes qui ne nous sont pas personnels. Cependant, l'expérience le prouve, s'il s'agit d'autres hommes que tout nous montre comme semblables à nous, nous n'avons aucune difficulté à reconnaître la même indétermination dans beaucoup de leurs actions. Est-ce à dire que nous en ayons la même certitude ? Pratiquement, oui ; mais théoriquement, ce que nous appelons ainsi *certitude* n'est qu'une énorme probabilité qui, pour l'impression laissée dans notre esprit, est parfaitement équivalente. La probabilité décroît quand nous passons aux animaux; mais elle reste encore à peu près équivalente à la certitude, relativement aux animaux supérieurs que nous pouvons observer souvent. De plus nous n'avons guère fait allusion qu'aux mouvements musculaires ; cependant le volontaire ne s'observe pas seulement dans les mouvements par lesquels l'animal agit sur le monde extérieur, mais encore dans les sensations par lesquelles le monde extérieur agit sur lui. On sait, en effet, que l'attention, phénomène volontaire, modifie et même parfois supprime certaines perceptions sensitives. Mais évidemment tous les phénomènes matériels du corps animal, toutes les fonctions physiologiques ne rentrent pas dans le champ du volontaire. Pour limiter ce champ, le criterium du sens intime, sans être le seul, est cependant le plus facile et le plus fécond ; car non seulemen ce qu'il indique positivement comme volontaire doit être accepté comme tel, mais il semble même qu'aucun de nos phénomènes ne peut prétendre à cette qualité, si notre sens intime ne consent à la lui reconnaître. Comment, en effet, avec la connaissance directe que j'ai de moi-même et de mon activité, pourrais-je avoir la faculté de poser tout à fait à mon insu une action volontaire, c'est-à-dire de vouloir sans qu'il me soit possible de savoir que je veux? Or, en nous servant surtout de ce criterium, sans négliger les autres, nous trouvons d'abord dans le corps animal vivant un grand nombre de phénomènes physiques, tels que les effets de la gravitation et les vibrations calorifiques, qui ne présentent pas la moindre trace de volontaire. Viennent ensuite certains phénomènes chimiques, plastiques et purement mécaniques, analogues ou même tout à fait semblables à ceux que l'on observe dans les végétaux. Quand on les considère en eux-mêmes en dehors d'autres phénomènes distincts qui jouent parfois le rôle d'excitateurs, on est forcé de leur reconnaître le caractère de nécessité qui appartient aux actions atomiques, on n'y aperçoit aucun élément volontaire. Nous allons, du reste, les examiner bientôt en détail pour voir s'ils ne présentent pas quelque autre note caractéristique qui les distingue des actions atomiques. En procédant ainsi par élimination, on trouve que le volontaire ne se montre que dans la seule classe des phénomènes nerveux. Encore cette classe renferme-t-elle bien des cas où il n'intervient pas le moins du monde. Il peut se faire, et il se fait souvent du travail nerveux sans aucune action volontaire ; mais il ne se fait jamais une action matérielle volontaire sans travail nerveux ; telle est la formule qui me semble résumer exactement l'expérience. C'est elle qui nous guidera, quand nous essaierons tout à l'heure de résoudre notre seconde question. La première doit encore nous retenir quelque temps.

Nous devons en effet, rechercher si, dans les actions vitales non volontaires, qui sont, comme les actions atomiques, toutes déterminées par l'état antérieur, il n'y a pas quelque autre caractère qui les distingue essentiellement de celles-ci, qui par suite nous oblige à les attribuer à des agents autres que les substances atomiques. Tous les phénomènes spéciaux qui s'accomplissent dans les plantes et, comme nous venons de le dire, un grand nombre de ceux que l'on observe dans les animaux appartiennent à cette classe. Nous ne pouvons les décrire, mais il faut autant que possible les réduire à leurs éléments ; l'étude de ces actions élémentaires nous éclairera ensuite sur l'activité des substances qui les produisent.

Les éléments du physiologiste ne sont pas précisément ceux dont nous avons besoin. Son but est la théorie purement scientifique, il ne veut que coordonner les phénomènes ; notre but final est la théorie philosophique, nous voulons des derniers phénomènes passer aux agents. Voici l'analyse qui me paraît la plus avantageuse pour cette recherche, parce qu'elle est fondée sur la théorie atomique établie précédemment.

Tous les phénomènes matériels n'étant que des déplacements de masses accompagnés de transformations d'énergie, nous examinerons d'abord, dans les corps vivants, les phénomènes spéciaux où les masses atomiques se déplacent individuellement, en d'autres termes, les phénomènes de chimie organique où les *atomes* changent d'arrangement moléculaire ; en second lieu, les phénomènes plastiques qu'on pourrait appeler d'organisation, où les *molécules* se déplacent intégralement pour former les particules des tissus ; en troisième lieu les phénomènes purement mécaniques, où ces *particules* elles-mêmes se déplacent de façon à changer l'arrangement des tissus.

Dans l'examen de ces trois catégories, comme dans la théorie atomique, nous emprunterons la lumière de la mécanique rationnelle, qui seule me paraît capable de résoudre la question. Voici comment nous procéderons. Les corps vivants étant considérés comme des systèmes d'atomes, soumis naturellement à leurs actions réciproques, nous rechercherons dans chacune de nos trois catégories de faits, s'il faut, pour expliquer les transformations d'énergie qui accompagnent ce déplacement des masses, admettre d'autres actions que les actions atomiques intérieures et extérieures. Cette recherche ne se composera pas seulement de raisonnement, mais encore d'observation et d'expérience. Pour ne surprendre la bonne foi de personne, disons tout de suite quel en sera le résultat. Nous arriverons à une réponse franchement négative, c'est-à-dire à la conclusion que, dans tous ces phénomènes vitaux où n'intervient pas le volontaire, il n'y a que des actions élémentaires de même nature que les actions atomiques.

1º *Phénomènes de la chimie organique.* Écartons d'abord un mauvais argument que l'on apporte parfois en faveur de notre thèse. On sait que, sous le rapport de la composition chimique, les corps vivants diffèrent notablement des minéraux, non que les atomes des uns n'entrent pas dans les autres, mais parce que ces mêmes atomes s'arrangent en molécules beaucoup plus compliquées et beaucoup plus diverses dans les premiers que dans les seconds. On attribue généralement cette différence à l'influence de la vie, et l'on a parfaitement raison si l'on donne à ces mots le sens qu'ils doivent avoir dans le langage purement scientifique, c'est-à-dire si on ne dépasse pas la région des phénomènes, et si, en invoquant cette cause, on la réduit au fonctionnement particulier des organismes. Quoi qu'il en soit, longtemps on crut pouvoir tracer avec exactitude la frontière commune aux deux chimies, à l'organique et à l'inorganique. Des découvertes chaque jour plus nombreuses montrent maintenant qu'on s'était trop hâté. La frontière se déplace, toujours, comme de juste, au profit de la chimie inorganique qui n'avait rien à perdre, et comme toute puissance qui grandit, elle ne manque pas de flatteurs pour prédire qu'elle finira par tout annexer. Ces enthousiastes ne s'arrêtent point là. De l'existence de cette frontière on avait jadis conclu que l'activité des atomes était insuffisante pour les grouper en molécules organiques;

par un excès contraire, après avoir composé dans nos laboratoires un certain nombre de ces molécules organiques, on conclut que dans les tissus vivants elles se construisent toutes et toujours par les seules forces atomiques. C'était dans les deux cas raisonner un peu légèrement; les procédés et les appareils du chimiste sont très différents de ceux de la nature; et il est évident que les deux phénomènes chimiques que l'on assimilait ainsi peuvent n'avoir rien de commun que leurs résultats définitifs. Du reste, à côté des flatteurs dont nous parlions, il y a encore des chimistes fort distingués qui refusent de croire à l'unification future des deux chimies; et vraiment, quand on compare la richesse des laboratoires naturels avec la pauvreté des nôtres, on est bien tenté d'être de leur avis.

La théorie de l'énergie, appliquée à la chimie des corps vivants, fournit un argument d'une tout autre valeur. Pour le bien comprendre, il faut se rappeler les déplacements atomiques qui doivent se produire dans tout phénomène chimique. Prenons pour exemple la formation et la décomposition de l'eau. Si l'on mélange dans un ballon de l'hydrogène avec de l'oxygène, en proportion convenable, on sait que ce mélange n'est pas de la vapeur d'eau. Il n'y a pas dans le ballon une seule molécule composée à la fois d'atomes de ces deux corps simples, il n'y a que des molécules composées d'atomes d'oxygène et d'autres molécules composées d'atomes d'hydrogène. Que par une étincelle électrique, ou la chaleur d'une flamme, on disloque quelques-unes de ces molécules, à l'instant tout le mélange se convertit en vapeur d'eau, c'est-à-dire, toutes les molécules des deux gaz sont détruites, et leurs atomes se rejoignent entre eux d'une nouvelle manière pour former des molécules d'eau. En même temps le système élève considérablement sa température, et dégage par suite sur les corps extérieurs une grande quantité de chaleur. D'où vient cette chaleur? Il n'y a qu'une seule réponse possible. Cette chaleur est de l'énergie qui auparavant se trouvait dans le système à l'état potentiel. Il faut donc en conclure que, dans l'eau qui s'est formée, les forces qui maintiennent les atomes dans les molécules déterminent une énergie potentielle plus faible que dans le mélange des deux gaz. On peut comparer cette réaction au phénomène mécanique suivant : Supposons une pierre arrêtée sur le flanc d'une montagne par une légère aspérité du sol; si, par un effort médiocre, on la pousse au delà de cette aspérité, elle roulera ensuite jusque dans la vallée. A cette chute correspond un accroissement d'énergie actuelle visible, qui bientôt se convertit par les chocs en énergie vibratoire ; mais il s'est fait en même temps une diminution dans l'énergie potentielle, car, après la chute, la pierre n'est plus aussi éloignée du centre de la terre.

Quand on décompose l'eau en ses deux éléments, la transformation de l'énergie se fait en sens inverse. On obtient un mélange des deux gaz où l'énergie potentielle est plus grande que dans une même quantité d'eau ; mais il faut pour cela noyer, dans l'eau que l'on décompose, une quantité d'énergie actuelle égale à la différence, et emprunter cette énergie à d'autres corps par l'électricité ou par la chaleur. C'est ainsi, pour reprendre notre comparaison, que, si on remontait la pierre au sommet de la montagne, au moyen d'une machine mue par un cours d'eau, on augmenterait l'énergie potentielle, mais en sacrifiant une partie équivalente de la force vive du ruisseau.

Au lieu de l'hydrogène mettons le carbone, au lieu de l'eau l'acide carbonique, et nous aurons l'esquisse mécanique de deux réactions de la chimie inorganique qui vont jouer le rôle le plus important dans nos raisonnements sur la chimie des corps vivants. Là aussi, nous observerions une loi semblable. Quand une certaine masse d'acide carbonique se décompose, l'énergie potentielle de ce système d'atomes augmente; quand, au contraire, l'oxygène et le carbone se combinent, l'énergie potentielle diminue; et tant que nous restons dans le monde minéral, nous sommes sûrs d'avance, et il est même possible de reconnaître, que ces variations sont équilibrées par des variations inverses dans l'énergie du monde extérieur.

Voyons de même les variations d'énergie qui se produisent lors des phénomènes chimiques dans les corps vivants, et puisque ici nos principes de mécanique ne nous permettent pas encore de prononcer à l'avance, nous rechercherons expérimentalement les variations correspondantes de l'énergie dans le monde extérieur. Commençons par les végétaux.

La masse des atomes que l'on trouve dans les végétaux peut en général se résumer ainsi : 40 à 45 pour cent de carbone, à peu près autant d'oxygène, 5 à 6 pour cent d'hydrogène, le reste est formé par l'azote et quelques autres corps simples. Toute cette masse s'emprunte continuellement à l'extérieur, où elle se trouve ordinairement à l'état inorganique, puis elle se façonne chimiquement dans les organes pour être incorporée dans l'organisme. Le carbone doit d'abord et surtout attirer notre attention. Dans les plantes non parasites [1], il est toujours absorbé à l'état d'acide carbonique, et presque tout entier puisé dans l'atmosphère. Grâce aux singulières propriétés de la matière verte appelée chlorophylle, les feuilles décomposent ce gaz, et par conséquent augmentent la quantité d'énergie potentielle de ses atomes. Après cette décomposition, l'oxygène est rendu à l'atmosphère, le carbone entre dans de nouvelles combinaisons en se fixant sur le corps de la plante ; mais ces nouvelles combinaisons ne réduisent guère l'énorme accroissement d'énergie potentielle dû à la décomposition de l'acide carbonique ; ce n'est qu'en brûlant le végétal, c'est-à-dire en recomposant le gaz primitivement détruit, que cette énergie disparaît pour se transformer en chaleur. On peut se faire une idée de l'accroissement qui en résulte sur toute la surface de notre planète, en songeant que, pour chaque kilogramme de carbone qui se fixe dans les végétaux, l'énergie potentielle des systèmes d'atomes qui ont été soumis à la décomposition se trouve augmentée

---

[1] Le mot *parasite* est pris ici dans l'acception la plus large, pour désigner un végétal qui se nourrit d'éléments déjà élaborés par un autre corps vivant. Ces plantes ne forment qu'une exception apparente, qui confirme la règle.

d'environ trois millions et demi de kilogrammètres, c'est-à-dire de ce qu'il faudrait dépenser pour élever un poids de mille kilogrammes à environ trois kilomètres et demi de hauteur.

Ainsi le phénomène de l'assimilation du carbone par les végétaux a pour conséquence d'augmenter considérablement l'énergie potentielle de la terre. Se produit-il quelque part une diminution correspondante? A première vue, il semble que non. Car ce phénomène n'abaisse ni la température de la plante, ni celle de l'atmosphère, ni celle du sol; aucune force vive visible ne paraît y contribuer. Qu'en faudrait-il conclure? Très certainement, s'il en était ainsi, il faudrait conclure que dans les systèmes végétaux les atomes sont soumis non seulement à leurs actions réciproques et aux actions des atomes extérieurs, mais encore à d'autres *forces* dont le *travail* aurait au moins pour conséquence la grande augmentation d'énergie qui se produit dans l'assimilation du carbone. Ces forces pourraient s'appeler forces végétatives, et nous révéleraient de nouveaux agents à qui on pourrait donner le nom de principe vital. Mais il n'en est pas ainsi. L'énergie dont nous cherchons l'origine ne vient, il est vrai, d'aucun système d'atomes appartenant à la terre, mais elle a été perdue par les atomes du soleil.

Livrée au rayonnement, transmise de proche en proche à travers les atomes de l'éther, rencontrant bientôt notre planète, elle aurait pu se manifester à nous sous forme de chaleur sensible, ou se réfléchissant sur les objets qui nous entourent venir ensuite ébranler notre rétine et nous les rendre visibles, ou bien encore élever dans les nuages les eaux de la mer, pour reparaître bientôt comme énergie visible dans les chutes d'eau. Au lieu de cela, elle a séparé, les uns des autres, les atomes d'oxygène et de carbone qui formaient l'acide carbonique absorbé par les plantes. On sait en effet que dans l'obscurité, en l'absence de la lumière solaire, il ne se fait aucune assimilation de carbone par les feuilles, et que cette assimilation est, toutes choses égales d'ailleurs, d'autant plus considérable que la lumière est plus intense. On sait aussi que le soleil envoie sur les feuilles une quantité d'énergie beaucoup plus que suffisante pour la décomposition, et bien qu'on n'en ait pas encore de mesures précises, on n'a aucune raison de douter que la portion d'énergie absorbée ainsi par les feuilles ne soit égale à celle que les feuilles dépensent dans cette fonction. Ainsi disparaît le prétendu travail de forces spécialement végétatives que semblait révéler l'assimilation du carbone. Dans l'assimilation des autres éléments, on n'a pas signalé jusqu'à présent la moindre trace apparente d'un travail semblable. L'oxygène et l'hydrogène sont tous deux absorbés à l'état d'eau et, pour le dire en passant, comme cette eau vient aussi de l'atmosphère, il suit des nombres proportionnels donnés plus haut que les plantes doivent à l'atmosphère environ les dix-neuf vingtièmes de leur masse. Mais ici le soleil ne semble guère leur rendre de service qu'en formant les nuages, et les courants atmosphériques qui les transportent et les résolvent en pluie. Les deux éléments de l'eau, tout en formant avec le carbone et d'autres corps simples de nouvelles combinaisons, y entrent à peu près dans les mêmes proportions que dans l'eau elle-même. C'est comme s'ils n'étaient pas séparés l'un de l'autre en pénétrant dans l'économie, et nous n'avons pas à chercher d'où peut venir l'énergie nécessaire pour cette séparation.

Quant aux nombreuses réactions qui se produisent dans l'intérieur des végétaux, la plupart nous sont encore inconnues; mais on n'en a pas encore constaté une seule qui fasse soupçonner l'intervention d'une source d'énergie autre que les atomes. Le plus souvent, loin de demander une addition d'énergie dans le système, elles ont pour résultat une diminution d'énergie potentielle et un dégagement de chaleur. Quand une réaction chimique *consomme* de la chaleur dans un organisme vivant comme par exemple dans le renflement qui, situé à la base des pétioles de la sensitive, renferme les organes des mouvements de ses feuilles, on constate en même temps la source de cette chaleur; ainsi, dans la sensitive, l'énergie nécessaire à la réaction est empruntée à la chaleur du renflement, dont la température, variable avec les mouvements de la feuille, est constamment inférieure à celle de la tige.

En résumé donc, on peut dire que, dans les phénomènes chimiques des végétaux, il ne se manifeste aucune énergie qui n'ait son origine dans les actions atomiques. Les faits positifs que nous connaissons appuient cette loi générale, et aucun fait, absolument aucun, n'y peut faire soupçonner une exception. Qu'en *faut-il* conclure ? C'est que les forces atomiques sont les seules qui interviennent dans toute la chimie végétale, comme elles sont les seules aussi dans toute la chimie inorganique.

Il nous reste à parler des animaux. Leurs réactions intérieures, celles où il n'y a pas d'échange avec le milieu, donnent lieu à la même remarque que les réactions intérieures des végétaux. Parmi les autres, la plus importante est encore une réaction où intervient l'acide carbonique. Pour abréger, nous en parlerons comme s'il ne s'agissait que des vertébrés.

On sait que les globules du sang viennent sans cesse dans les poumons absorber l'oxygène de l'air, qu'ils le charrient ensuite à travers tout l'organisme, que cet oxygène est ainsi mis en rapport avec le carbone dans les tissus, brûle le carbone et forme avec lui de l'acide carbonique ; ce dernier gaz est ramené dans les poumons par la circulation, et de là passe dans l'atmosphère par la respiration. Si l'on ne considère que l'oxygène et le carbone ainsi mis en rapport, ils forment donc un système d'atomes dont l'énergie potentielle est considérablement diminuée par la chimie animale. Il faudrait en dire autant d'une partie de la vapeur d'eau exhalée en respirant, et qui provient de la combustion de l'hydrogène dans l'organisme. Si l'énergie ainsi perdue ne se retrouvait nulle part, nous devrions en conclure que les systèmes animaux sont, dans les phénomènes chimiques, soumis à des actions vitales différentes des actions atomiques. Mais on sait qu'il n'en est rien. L'énergie en question se retrouve dans la chaleur que dégagent les animaux, et dans la force vive visible des mouvements qu'ils exécutent. Par ce dégagement, par ces mouvements, les animaux sont de véritables machines thermiques à marche directe, déversant continuellement sur les corps extérieurs l'énergie qu'elles absorbent dans la combustion. A leur égard, on a même poussé les mesures expérimentales plus loin que pour les végétaux, ces machines à marche inverse. On a mesuré d'un côté les produits de la respiration d'un homme au repos ou exécutant un travail, de l'autre la chaleur que son corps dégageait et le travail qu'il exécutait dans ces deux états; et bien que les procédés employés ne permissent pas la dernière rigueur, il ne peut plus rester de doute sur le résultat théorique de la comparaison. L'énergie potentielle disparue dans la combinaison des atomes se trouve exactement représentée par l'énergie calorifique ou visible que l'animal dégage.

Ainsi les phénomènes de la chimie des corps vivants, examinés à la lumière de la mécanique, nous conduisent à cette conclusion : Les actions élémentaires qui composent ces phénomènes sont les mêmes que dans le règne inorganique.

2º *Phénomènes d'organisation*. Ici la théorie scientifique nous fait défaut. Ces phénomènes sont à peine constatés dans leurs résultats, ils ne sont pas encore analysés. Nous voyons bien, dans les organismes qui fonctionnent, de nouveaux organes se former sans cesse pour remplacer les anciens, nous voyons même naître de nouveaux organismes qui bientôt fonctionnent indépendamment de leurs parents ; mais quels sont les éléments et les étapes successives de ces formations ? La physiologie, qui sans doute finira par le dire, est encore bien loin de cette perfection. L'analogie même ne peut nous guider ; car, dans les corps bruts, les phénomènes plastiques tels, par exemple, que la cristallisation sont relativement très simples. Ni les résultats, ni les circonstances dans lesquelles ils se produisent ne peuvent se comparer aux mystères de la nutrition et de la génération dans les corps vivants. Les premiers s'accomplissent, pour ainsi dire, spontanément, libres de toute influence perturbatrice ; dans les seconds, les déplacements des molécules sont gouvernés par des appareils compliqués qui nous sont encore à peu près inconnus.

Nous ne pouvons donc songer à y appliquer la mécanique. Le plus simple de ces phénomènes est probablement l'endosmose, et pourtant je ne pense pas qu'on en ait jusqu'ici donné une théorie mécanique satisfaisante. Mais nous pouvons du moins l'affirmer, dans aucun on n'a encore rien découvert qui porte légitimement à soupçonner l'intervention de nouvelles forces. Nous ne pouvons mieux développer cet argument négatif qu'en réfutant les arguments de la thèse contradictoire.

« D'où vient, nous dit-on d'abord, l'impuissance de nos physiciens et de nos chimistes à former le plus simple organisme vivant ? Ils ont en mains les éléments premiers des corps organisés, ils disposent de forces considérables ; que leur manque-t-il donc pour réussir ? Ne serait-ce pas précisément ce principe distinct de la matière et des organes dont ils prétendent pouvoir se passer?»

En posant cette question, on oublie que le prétendu principe, distinct de la matière et des organes, n'a jamais pu lui-même former le plus simple organisme sans le concours d'un autre organisme préexistant ; et l'on demande aux physiciens et aux chimistes de se passer d'une condition, qui, du moins dans la série actuelle des phénomènes, est peut-être indispensable et dont on ne peut soi-même se passer. Remettez d'abord aux savants des appareils aussi parfaits que les organes encore si peu connus qui, dans les corps vivants, concourent à la production de nouveaux organismes ; expliquez-leur ces appareils et la manière de s'en servir ; alors seulement vous pourrez leur reprocher leur impuissance. Que de choses d'ailleurs les sciences physico-chimiques expliquent avec certitude, sans pouvoir les imiter, depuis les mouvements du système solaire jusqu'à la dislocation d'une molécule par les ondulations éthérées! Nous ne sommes pas encore maîtres de la cristallisation du carbone ; faut-il en conclure que nous nous trompons sur la nature du diamant ? Quand l'impuissance de nos physiciens a tant d'autres raisons d'être, c'est une véritable injustice que de l'attribuer à la fausseté d'une théorie.

« Soit, nous dit-on, si la formation de l'organisme vous gêne, passons à un autre argument.» Alors on nous fait une description des merveilles de la nutrition et de la génération, et l'on y insère de temps en temps cette question : « Quelle est la force assez puissante pour produire cette merveille ? Seraient-ce les forces atomiques ? » — Pourquoi pas ? répondrais-je volontiers. Suffit-il qu'une chose soit merveilleuse pour que les atomes en soient incapables ? Eh ! que faites-vous donc des merveilles du monde inorganique ? — « Mais non, ne voyez-vous pas dans l'ordre admirable révélé par ces phénomènes la nécessité d'une force principale et supérieure, qui domine toutes les autres, qui coordonne leurs actes, qui balance leur opposition ? Unité, direction, ordre, conservation, tels sont les effets de sa présence. »

Cet argument est spécieux ; il a produit, je le sais par expérience, plus d'une conviction sincère. Mais, en revanche, il a le défaut ordinaire des arguments spécieux, il prouve trop ; car il s'applique avec une égale justesse aux machines artificielles, à une montre par exemple. Il confond deux choses qui doivent rester distinctes : les forces qui entrent en jeu dans le fonctionnement d'une machine, et l'intelligence du constructeur. L'*ordre* merveilleux des fonctions vitales que nous examinons révèle une puissance intelligente; c'est à elle que sont dus « l'unité, la direction, l'ordre, la conservation. » Mais une force vitale *inintelligente*, comme celle que l'on croit ici découvrir jusque dans les plantes, ne peut, à proprement parler, rien *coordonner*. Elle *domine*, dites-vous, les forces atomiques. Mais celles-ci sont aussi inintelligentes ; qu'est-ce donc que cette domination? qu'est-ce qu'un commandement entre deux êtres également incapables de le comprendre? Il se réduit ici nécessairement à une pure influence matérielle, il devient une action tout à fait analogue à celles que l'on étudie en mécanique. Dès lors, il ne peut plus vous rendre le service que vous lui demandez. Ne pourrait-on pas dire aussi, en empruntant votre langage, que la gravitation universelle est une force principale et supérieure, qui *domine* toutes les autres dans le système solaire, qui *coordonne* leurs actes et balance leur opposition, et qu'elle produit dans les grands phénomènes de la mécanique céleste, l'unité, la direction, l'ordre et la conservation ? Et pourtant vous ne prétendez pas que ce grand rôle, assigné à la gravitation par le plan du Créateur, fasse sortir cette force de l'humble catégorie des forces atomiques. Les génies conducteurs des planètes ont définitivement disparu. Sans doute les forces atomiques n'expliquent pas l'ordre intentionnel que l'on observe dans les phénomènes vitaux ; mais d'abord votre force vitale, inintelligente et matérielle, ne l'explique pas non plus, et ensuite le monde inorganique offre des exemples d'un ordre intentionnel également admirable, sans qu'il vous semble nécessaire d'invoquer pour cela de nouvelles forces.

Le troisième et dernier argument de nos contradicteurs se fonde sur « un fait unique, simple, vulgaire, mais éminemment démonstratif, disent-ils, dans la question qui nous occupe, » la mort.—Mais est-il bien vrai d'abord que la mort soit un phénomène unique et simple ? Les corps vivants, tels que nous les connaissons, plantes et animaux, sont-ils simplement le résultat de l'addition de deux termes : un corps mort plus une certaine chose unique et simple qu'on appellerait la vie? Ne sont-ils pas plutôt des associations d'organes ayant tous leur vie propre? Ces organes ne nous offrent-ils pas tous les jours, dans les expériences de physiologie, deux phénomènes en quelque sorte opposés? Tantôt ils continuent toutes leurs fonctions vitales longtemps après que l'association est complètement dissoute; tantôt ils les cessent complètement tandis que l'association subsiste et que tous les autres organes continuent à fonctionner ensemble. La mort *locale* et la vie *partielle* sont des faits vulgaires qui seuls rendent possibles un grand nombre d'expériences. Que dire de la mort *temporaire* à laquelle on peut soumettre certains végétaux et même certains animaux, soit en les gelant entièrement de manière à les rendre cassants et à arrêter toutes les fonctions vitales, soit en les desséchant et les portant à des températures supérieures à celles de l'eau bouillante? Évidemment nos adversaires n'ont ici considéré que ce qu'on pourrait appeler la mort *générale* ordinaire dans un organisme complet. Eh bien! fermons les yeux sur des difficultés qu'ils n'ont pas voulu voir, et ne parlons que de la mort générale dans les conditions ordinaires.

Ce phénomène est « éminemment démonstratif, » nous disent-ils. Malheureusement, pour le rendre tel, ils sont obligés d'en donner une interprétation probablement fausse, rejetée par les physiologistes, et que rien n'autorise à regarder comme vraie. D'après eux, quand la mort n'est pas le résultat d'une lésion violente de l'organisme ou d'une altération importante du milieu, le corps mort est dans les mêmes conditions physico chimiques que le corps vivant. Pourquoi donc la machine s'arrête-t-elle? pourquoi commence-t-elle à se désorganiser? n'est-ce pas la preuve qu'un principe vital différent des substances atomiques a retiré son action? On pourrait, me semble-t-il, appliquer le même raisonnement à toute machine qui s'arrête ou se détraque par l'usure de quelque partie importante. Qui jamais a démontré que le corps vivant ne diffère du corps mort par rien d'important dans les conditions physico-chimiques? Les autopsies viennent chaque jour donner un démenti à cette assertion, en montrant le plus souvent que l'état physico-chimique auquel l'organisme était arrivé au moment de la mort rendait impossible la continuation des phénomènes vitaux. Dans bien des animaux sans doute, et dans l'homme en particulier, le principe volontaire dont nous avons déjà signalé l'existence cesse, au moment de la mort, d'agir sur les atomes de l'organisme ; mais l'expérience nous porte à croire que la mort de l'organisme est une cause et non un effet de cette séparation. Quoi qu'il en soit, nous parlons ici des végétaux aussi bien que des animaux, et il est évident que, dans les uns et dans les autres, si des organes essentiels viennent à être mis hors d'usage, l'organisme est inévitablement condamné à s'arrêter, c'est-à-dire à mourir. Cette cause de mort s'observe tous les jours, rien ne fait soupçonner qu'elle n'est pas générale ; elle est évidemment suffisante, et l'on n'a pas le droit de nous en imposer une autre.

En résumé, on n'a pas encore signalé, dans les phénomènes plastiques des corps vivants, une seule circonstance qui nous y fasse légitimement soupçonner l'intervention directe d'agents autres que les atomes. Voyons si les phénomènes *purement mécaniques* nous poussent vers une autre conclusion.

3° **Phénomènes purement mécaniques.** La physiologie végétale pourrait nous fournir bien des exemples curieux de semblables phénomènes. Les uns, comme l'héliotropisme, s'expliqueraient par les actions atomiques du milieu, je veux dire par les vibrations calorifiques et lumineuses ; les autres, comme les mouvements ciliaires et protoplasmiques, nous indiqueraient des causes analogues à celles que nous allons reconnaître chez les animaux. Mais, pour abréger, nous nous en tiendrons aux contractions musculaires que ces derniers nous présentent; elles sont les mieux connues, et leur explication fait suffisamment entrevoir ce qui se passe dans les autres cas.

Ici peut-être on posera une objection : les contractions musculaires ne sont-elles pas dans le domaine du volontaire? Je réponds que le principe spécial qui se révèle chez les animaux n'agit sur les muscles que par l'intermédiaire du système nerveux, c'est-à-dire indirectement. L'expérience le prouve sans réplique, puisqu'il suffit de couper les nerfs pour lui interdire complètement toute action musculaire. Son intervention n'est pas nécessaire pour la contraction, et il peut être remplacé par d'autres agents. On doit donc étudier ici les phénomènes musculaires, qui, pour chaque excitation donnée, sont aussi nécessaires que les phénomènes atomiques. Ainsi, pour une locomotive, la volonté du machiniste et tous les mouvements de son corps qui interviennent si puissamment dans le fonctionnement de la machine, n'empêchent pas qu'on ne doive placer l'étude de cette machine dans les traités de physique et de mécanique.

Les muscles sont de véritables machines à feu, c'est-à-dire des appareils servant à transformer une énergie qui se manifeste ou qui, du moins, pourrait se manifester sous forme de chaleur. Seulement, il est bon d'en faire la remarque pour éviter des généralisations hâtives, ce sont des machines peut-être fort différentes de celles que nous fabriquons. Dans nos machines artificielles, ce qui nous sert à transformer l'énergie, ce sont les dilatations et les contractions qui accompagnent les changements de température du corps renfermé dans le cylindre. Il n'y a peut-être rien de semblable dans les muscles. Voici ce que la physiologie nous apprend.

On peut, à l'aide du curare, empoisonner le nerf moteur d'un muscle, sans altérer en aucune façon la contractilité de ce muscle. L'extrémité du nerf, privée par le poison de la nourriture qu'elle puisait dans le sang, meurt, c'est-à-dire, perd sa faculté spéciale d'exciter la contractilité ; mais le muscle continue à vivre, à pouvoir se contracter, et il se contracte chaque fois qu'on le soumet à une excitation extérieure. Que se passe-t-il pendant la contraction ? L'examen du sang nous l'apprend. Le sang qui sort par les veines du muscle contracté diffère notablement de celui qui y pénètre par les artères ; il est plus chaud, il a une couleur très noire, il contient beaucoup d'acide carbonique et peu d'oxygène. Au contraire, si l'on assure le repos absolu du muscle, le sang en sort à peu près comme il était entré ; en d'autres termes, le sang veineux est alors presque aussi rouge que le sang artériel : il renferme peu d'acide carbonique et beaucoup d'oxygène. L'expérience a montré que des muscles, privés de sang artériel, perdent en deux heures toute trace d'excitabilité, et qu'il suffit de leur rendre ce sang pendant quelques minutes pour leur rendre en même temps toutes leurs propriétés. Ces faits nous indiquent clairement d'où vient l'énergie qui se manifeste dans la contraction. Il se produit dans le muscle une combinaison chimique du carbone et de l'oxygène. Cette combinaison, comme nous l'avons vu plus haut, fait passer une certaine quantité d'énergie potentielle à l'état actuel. Il se fait alors deux parts de cette énergie : l'une devient *visible* dans le travail qui accompagne la contraction, l'autre devient calorifique et augmente la température du muscle et du sang qui le traverse. M. J. Béclard a montré qu'en augmentant par une surcharge plus ou moins forte la portion visible de l'énergie actuelle dégagée dans la contraction, on diminue à volonté l'accroissement de température et par conséquent la portion calorifique. On n'a pas encore, il est vrai, des mesures exactes de toutes ces différentes énergies, mais on peut déjà conclure probablement de l'expérience qu'il y a équivalence parfaite entre les quantités qui se transforment, et par suite que toute l'énergie nécessaire au phénomène a pour cause unique les combinaisons qui se font dans le muscle entre le carbone et l'oxygène. Il n'y a donc, encore ici, aucune action différente des actions atomiques.

Nous venons de reconnaître dans la nature deux nouvelles espèces très différentes de machines à feu, les feuilles et les muscles : les premières ayant une marche qu'on pourrait dire inverse, les secondes une marche directe. Les unes comme les autres sont soumises pour leur fonctionnement à une influence extérieure ; les feuilles n'agissent que sous une vive lumière, les muscles n'agissent que sous une excitation qui leur vient ordinairement par le système nerveux. Mais il y a cette différence que, pour les feuilles, la lumière n'est pas un simple exictateur, elle fournit réellement toute l'énergie qui se transforme; tandis que pour les muscles, cette énergie se tire de leur intérieur, et l'influence nerveuse ne paraît en fournir qu'une quantité inappréciable. Quelque chose de semblable se présente dans beaucoup de nos machines. Quand nous pressons la détente d'une arme à feu, il n'y a aucun rapport entre l'énorme énergie visible du projectile et la quantité insignifiante dégagée par le doigt qui le fait partir. C'est la combustion de la poudre et non la contraction du doigt qui fournit la première. De même encore, l'énergie que dégage un machiniste en tournant un robinet, en pressant sur un ressort, n'a aucun rapport avec celle que dégage la machine à vapeur dont ces mouvements commandent le travail ; c'est la combustion du charbon, et non les efforts du machiniste, qui fournit cette dernière. Il en est de même dans le travail des muscles : la poudre, le charbon, c'est le carbone qui dans les muscles se combine avec l'oxygène ; la détente, le robinet, le ressort, c'est l'action nerveuse qui paraît n'exiger qu'une insignifiante dépense d'énergie.

Il me semble que, sans trop vanter la mécanique, on peut bien dire qu'elle a jeté sur notre question plus de lumière qu'aucune autre science. En portant notre attention sur les diverses quantités d'énergie qui se transforment dans les actions vitales non volontaires, elle nous a démontré avec une très grande probabilité, que le monde atomique n'est, dans ces phénomènes, soumis à l'action d'aucune *force extérieure*, que par suite ces phénomènes ne nous révèlent en aucune façon l'existence d'agents autres que les substances atomiques. Les actions volontaires nous ont, au contraire, révélé une activité d'une nouvelle espèce, que nous devons étudier.

Avant de le faire, il ne nous reste qu'à signaler un défaut réel dans notre démonstration. Les mesures faites jusqu'ici de ces quantités d'énergie ne sont pas assez exactes pour exclure rigoureusement toute action extérieure. Un esprit déterminé quand même à soutenir la thèse contradictoire, peut parfaitement se dire qu'il n'est pas encore forcé de l'abandonner. Il pourra supposer que, même dans les phénomènes non volontaires, il existe à notre insu des actions excitatrices dont l'énergie est si faible qu'elle nous échappe ; mais il n'aura aucune raison positive à faire valoir en faveur de cette hypothèse. Les anciens raisonnements perdent toute leur force, quand on cherche à les mettre d'accord avec la mécanique. Cette absence d'arguments positifs en faveur d'une thèse qui a compté tant d'illustres défenseurs, n'est-elle pas un argument de plus pour la probabilité de la nôtre ?

Abordons enfin notre second problème, l'étude de cette activité ultra-atomique dont les actions vitales volontaires nous ont révélé l'existence. Le sujet est vaste et aucun philosophe n'en peut méconnaître l'importance ; aussi nous nous proposons d'y consacrer encore tout le chapitre VII. Le seul point que nous essaierons de traiter à fond dans celui-ci sera la question suivante, aussi actuelle qu'intéressante :

De ce que la note caractéristique du volontaire se montre dans certains phénomènes, peut-on conclure qu'il y a de véritables forces mécaniques volontaires ?

En d'autres termes, les agents volontaires soumettent-ils, quand ils le veulent, les masses atomiques à des actions qui, exercées seules, produiraient de véritables déplacements de ces masses, de véritables déformations de leurs systèmes ?

Rappelons, pour fixer les idées, que les organismes animaux sont les seuls systèmes atomiques où l'expérience nous permette de chercher les *points d'application* des forces volontaires et que, même dans ces organismes, aucun atome en dehors du système nerveux n'est jamais directement soumis à leur action. Ainsi, dans les vertébrés, qui toujours nous serviront d'exemples, aucun atome des muscles n'est commandé immédiatement par la volonté ; et cependant les mouvements musculaires sont les phénomènes où le volontaire se manifeste avec le plus d'évidence. Mais l'expérience physiologique nous révèle que toujours, une fraction de seconde avant le mouvement musculaire, il y a un mouvement nerveux qui l'excite, et que, ce mouvement nerveux une fois produit, le mouvement musculaire en est une conséquence nécessaire, toute déterminée d'avance, qui n'a plus rien en elle de ce qui caractérise le volontaire. Bien plus, ce mouvement nerveux lui-même est également déterminé d'avance, si on le considère dans la fibre nerveuse, et jusque dans la moelle épinière. Il faut absolument remonter à son lieu d'origine, au cerveau, pour y pouvoir admettre l'indétermination mécanique qui révèle une activité ultra-atomique. Les excitations extérieures arrivent en une fraction de seconde, par les nerfs de la sensation, jusqu'au cerveau ; mais elles ne déterminent ni sa réaction, ni son action subséquente. La volonté intervient alors et produit, d'une façon mystérieuse, dans le système cérébral des modifications libres qui ont ensuite leurs conséquences nécessaires dans les nerfs et dans les muscles. C'est le mystère de ces modifications que nous devons essayer de pénétrer, et la question que nous venons de poser se présente tout naturellement au début de cette entreprise.

Dans cette question, le mot *force*[1] a le sens précis que lui a donné le chapitre II, il représente une cause de mouvement, considérée simplement comme telle. A chacune de ces forces on attribue pour *point d'application* un atome du cerveau, auquel elle tendrait à communiquer, en un temps donné, une certaine *quantité de mouvement*, suivant une certaine *direction*, et on la mesure à chaque instant par l'*accélération*, c'est-à-dire par la variation qu'elle tend à produire dans la quantité de mouvement. Par tous ces points, elle ressemble aux forces atomiques, mais elle en diffère en ce qu'elle n'a point un atome pour *siège*, et en ce que *son intensité* n'est pas déterminée par les positions relatives de son siège et de son point d'application.

[1] Certains savants essaient de ne plus employer ce mot ; ils préfèrent ne parler que d'*accélération*. Ce n'est pas ici le lieu de discuter cette prétention, elle n'a qu'un rapport éloigné avec notre sujet ; elle se réduit d'ailleurs le plus souvent à une question de mot. Accélération est le nom d'un effet, force est le nom abstrait de sa cause ; et par suite dans bien des cas l'on peut employer indifféremment l'une ou l'autre expression. Dans d'autres cas, au contraire, on ne peut supprimer l'une des deux qu'en la sous-entendant. C'est, à notre avis, ce que font les savants dont nous parlons.

Les matérialistes suppriment la question, puisque, malgré l'évidence, ils sont obligés de nier les faits qu'elle suppose. Il n'y a là rien qui nous étonne ; mais nous connaissons des savants spiritualistes, et des plus distingués, qui, frappés de ce qu'elle offre d'étrange, de peu conforme aux allures ordinaires, la trouvent tout à fait déplacée dans la sphère sereine de la science, et ne seraient pas éloignés de l'éconduire sans examen. Elle ne s'en impose pas moins cependant, elle se met d'elle-même à l'ordre du jour, et nous n'en voulons d'autre preuve que ce qui est arrivé récemment à M. Boussinesq.

Cet habile géomètre fit, il y a quatre ans, une remarque importante sur certaines solutions *singulières* qui peuvent se présenter dans les problèmes de dynamique. En y réfléchissant, il arriva non seulement à se poser la question qui nous occupe, mais encore à la résoudre négativement ; et après avoir bien mûri sa découverte et la conclusion qu'il en tirait, il présenta l'une et l'autre, sous une forme réellement scientifique, à l'Académie des sciences de Paris. Il eut quelque peine à se faire écouter, bien qu'un membre autorisé de la section de mécanique, M. de Saint-Venant, se montrât favorable à ses idées ; sa conclusion philosophique fit tort, coyons-nous, à sa découverte mathématique. Aussi les Comptes rendus des séances de cette Académie n'accordèrent à ses premières communications qu'une hospitalité légèrement maussade ; et quand, l'année suivante, il eut largement exposé ses idées, dans un long mémoire intitulé *Conciliation du véritable déterminisme mécanique avec l'existence de la vie et de la liberté morale,* ce ne fut pas l'Académie des sciences qui consentit à le recevoir; ce fut, malgré les équations nombreuses dont ce travail est émaillé, l'Académie des sciences morales et politiques. Celle-ci, il est vrai, lui fit bon accueil. Un membre de sa section de philosophie, M. Paul Janet, présenta un rapport très soigné, aussi favorable que possible, et une bonne partie du travail parut aux Comptes rendus à la suite de ce rapport.

Mais il est impossible, en lisant ce mémoire qui, depuis, a été publié *in extenso* par la *Société des sciences, de l'agriculture et des arts* de Lille [1], de ne pas voir qu'il s'adressait à une autre classe de l'Institut. L'Académie des sciences a-t-elle donc dédaigné la question ? On aurait pu le penser ; car, une fois la question admise, il

---

[1] *Mémoires,* année 1878, tome VI, 4ᵉ série.

faut convenir que M. Boussinesq la traite avec autant de talent que de compétence. Cependant un fait se produisit bientôt après, qui nous porte à croire, non au dédain, mais à cette sorte d'appréhension dont nous parlions tout à l'heure. Le travail que l'on jugeait inopportun d'accueillir et de publier, on a éprouvé le besoin de l'attaquer ; et, si l'attaque ne s'est pas produite dans le sein même de l'Académie, elle a du moins pour auteur un de ses secrétaires perpétuels, un de ses géomètres les plus distingués, M. Joseph Bertrand. Nous venons de la relire dans le *Journal des Savants*, cahier de septembre 1878. Au fond, elle n'est pas bien terrible, comme nous le verrons plus loin ; mais la forme est assez vive et ne ménage guère l'aventureux novateur. Qu'on en juge par les deux premières phrases que nous transcrivons : « Sans savoir bien précisément ce qu'était Buridan, tout le monde connaît l'anecdote hypothétique de son âne. Cette vieille histoire, inventée par les maîtres en philosophie pour exercer à la dispute et au sophisme les débutants dans l'art de Lulle, semble avoir inspiré récemment l'auteur d'un mémoire qui, par l'inutile étalage de formules très savantes, pourrait écarter ou éblouir un lecteur peu versé dans les études mathématiques. » — M. Bertrand est un puissant adversaire ; aussi la réponse de M. Boussinesq, quoique d'un ton sérieux et convenable, eut de nouveau quelque peine à voir le jour ; ni le *Journal des Savants*, ni une autre revue scientifique qui avait jadis publié ses premières recherches, ne trouvèrent moyen de l'accueillir ; elle parut enfin dans les *Mondes* de M. l'abbé Moigno [1].

Cette publicité dispersée, tout en gênant ceux qui apprécient l'intérêt de la question, contribuera peut-être à en augmenter le nombre. Quoi qu'il en soit, nous croyons avoir lu toutes les pièces du procès, et nous allons, sans nous astreindre à résumer servilement les débats, en entretenir nos lecteurs. Ils ont déjà pu voir, au chapitre précédent, que nous n'admettons pas toutes les idées de M. Boussinesq. En exposant la loi générale de la *Constance de l'énergie,* nous avons promis de montrer « que, dans les phénomènes matériels *volontaires* auxquels concourent l'homme et les animaux, il y a en réalité de nouvelles forces mécaniques qui sont appliquées aux atomes, mais dont les atomes ne sont pas le siège.» M. Boussinesq suppose le contraire ; mais, avant de le réfuter sur ce point essentiel, il faut exposer la

---

[1] No 13, 28 novembre 1878.

découverte très réelle et très intéressante qui forme, comme il le dit lui-même, l'objet principal de son travail.

Elle consiste en ce qu'il n'est pas exact de dire, comme on le fait souvent, que les équations différentielles de la dynamique, jointes à la connaissance de l'état initial, déterminent *toujours* toute la série des états du système. En d'autres termes, un système déterminé de points matériels, dont toutes les vitesses sont connues pour une certaine position, peut être soumis à des forces également déterminées dans toutes les positions possibles, sans que pour cela les mouvements qui doivent en résulter soient eux-mêmes déterminés.

Cette proposition de mécanique rationnelle constitue, à mon avis, une véritable découverte dont M. Boussinesq peut réclamer l'honneur. Il est vrai que M. Bertrand en parle comme d'un « paradoxe depuis longtemps connu ». Mais, répond M. Boussinesq, « il veut dire sans doute que Poisson avait déjà, en 1806, à propos d'études purement analytiques, trouvé un pareil exemple d'indétermination, savoir, celui que j'ai exhumé au n° 24 (p. 123) de mon livre et que rappelle M. Janet dans son Rapport. Mais, pour montrer jusqu'à quel point ce fait, que Poisson lui-même déclare ne pouvoir s'expliquer, avait été compris et était resté « connu », mon éminent contradicteur aurait dû citer les cours ou même les mémoires de mécanique, publiés depuis, qui en auraient fait mention, ou qui auraient signalé d'autres exemples analogues. Le nombre de ces cours ou mémoires, *s'il en existe*, doit être bien petit, à en juger par la conviction profonde dans laquelle ont vécu Laplace, Duhamel, etc., et où sont encore la plupart des géomètres, que « l'équa« tion différentielle du mouvement d'un point, « jointe aux circonstances initiales, détermine « complètement le mouvement de ce point pendant « un temps indéfini. » (*Cours de mécanique* de Duhamel, tom. 1er, n° 277) [1]. »

J'avoue pour ma part que, avant de lire les premières publications de M. Boussinesq, je partageais l'erreur commune, que je ne les ai lues d'abord qu'avec méfiance, et que mon incrédulité n'a cédé que devant la vision claire et distincte de la vérité. Essayons de communiquer cette conviction.

Considérons un point matériel au repos, et supposons d'abord qu'on lui applique une force constante en grandeur et en direction ; c'est à peu près le cas du centre de gravité d'un corps pesant

---

[1] *Les Mondes,* loc. cit., p. 502.

qui commence à tomber dans le vide. Tous nos lecteurs savent que ce point se mouvra en ligne droite, avec une vitesse variable, toujours proportionnelle au temps écoulé, et parcourra des longueurs proportionnelles au carré de ce temps. Si, au lieu d'être constante, l'intensité de la force variait d'une manière continue pendant le mouvement, la loi des vitesses et des longueurs parcourues serait différente ; mais, en général, le mouvement serait toujours déterminé ; et, chose assez digne de remarque, tous ces cas divers ont, en commun avec le premier, le caractère suivant : quelle que soit l'intensité initiale de la force, la valeur initiale de la vitesse est nulle. De sorte que nous rencontrons déjà ici, dans des problèmes si simples, ce résultat qui au premier abord doit sembler paradoxal : que le point mobile *part avec une vitesse nulle*. Un esprit indocile pourrait bien être tenté de dire : partir avec une vitesse nulle, c'est ne pas partir du tout. — Vous auriez raison, pourrait-on lui répondre, si l'on prétendait que la vitesse reste nulle pendant un temps quelconque, le long d'une fraction quelconque de la trajectoire, mais elle n'est nulle qu'au départ et non pas sur la route. Inutile de nous arrêter plus longtemps à ce paradoxe ; il n'a qu'une certaine ressemblance avec celui qui doit nous occuper, et tout lecteur qui a compris la définition donnée de la vitesse au chapitre II se l'expliquera aisément.

Mais qu'arriverait-il si la force elle-même, semblable à cette vitesse, était nulle au point de départ, ou plutôt pour ne rien préjuger, au point qui correspond à la position initiale, et prenait immédiatement au delà une valeur continuellement croissante? Ici nous sommes en plein dans le sujet étudié par M. Boussinesq.

Une première solution évidente se présente d'elle-même : Le point vérifiera toutes les lois que lui impose la dynamique *en restant simplement en place*. De cette façon il reste toujours soumis à une force nulle, dont le travail est nul, et la variation de l'énergie est nulle comme le travail. Mais *il est possible* qu'il y ait une autre solution également admissible, à savoir le mouvement. — Comment cela est-il possible ? dirat-on. Le point ne peut se mouvoir sans vitesse, donc sans production de force vive ; donc il faut que la force travaille ; mais puisqu'elle est nulle, son travail l'est aussi. — Ce raisonnement serait bon, si la force était nulle, non seulement au point d'origine, mais encore dans le voisinage immédiat ; or, cela n'est pas. Quelque faible que soit le premier déplacement attribué au mobile, il ne l'accomplit qu'en subissant l'action d'une force qui n'est pas nulle, qui travaille, et dont le travail peut expliquer la force vive produite. Il n'y a rien là qui répugne aux principes de la dynamique. Il est facile d'ailleurs de changer les conditions du problème de manière à rendre cette seconde solution, non seulement possible, mais seule possible et évidemment nécessaire. Il suffit de supposer que la loi de variation de la force soit donnée *en fonction du temps* ; c'est-à-dire que l'intensité de cette force soit déterminée, non plus par la position du point sur lequel elle agit, mais par le temps écoulé depuis le commencement de son action. Imaginons par exemple une force qui, nulle au début, croît ensuite proportionnellement au temps. Il est évident que le point matériel *ne peut plus* maintenant rester en place, qu'il *doit* se mouvoir ; et, si l'on cherche à quel instant il *commence* ce mouvement, on est forcé par la mécanique de reconnaître que c'est au début même de l'action, c'est-à-dire, au moment précis où la force était nulle. C'est exactement le phénomène qu'indiquait la seconde solution ; on voit que loin de contredire les principes, il en est ici une conséquence inévitable. Si maintenant on calcule, chose extrêmement facile dans ce cas, la formule qui donne pour chaque instant la position correspondante du mobile, on pourra s'en servir pour exprimer la variation de la force, non plus en fonction du temps, mais en fonction de cette position variable ; et en se donnant dès l'abord cette dernière expression, on retrouverait exactement le problème énoncé comme nous le supposions au commencement de ce paragraphe. On aurait donc un problème de mécanique admettant, comme également possibles, deux solutions différentes, l'immobilité et le mouvement ; et même, comme l'immobilité, après s'être prolongée pendant un temps quelconque, pourra toujours se changer en mouvement, sans contredire les données du problème ni les lois de la dynamique, on peut dire que ce problème admet une infinité de solutions différentes.

Il ne faudrait pourtant pas croire, par une généralisation hâtive, que le mouvement sera toujours une solution possible, chaque fois que l'on appliquera à un point immobile une force qui, nulle à l'origine, croît immédiatement dans le voisinage. Tout dépend de la loi imposée à cette variation de la force. Ainsi, dans le cas purement théorique d'un cône pesant en équilibre sur sa pointe, s'il n'intervient aucune action perturbatrice, on trouve que l'immobilité est la seule solution possible ; et cependant le centre de gravité de ce cône se trouve alors soumis à une force de cette espèce. Mais le calcul montre que, sous l'action de cette force, le point exigerait un temps infini pour parcourir un arc quelconque, aussi petit qu'on le voudra, à partir de sa position d'équilibre ; il lui est donc impossible de quitter cette position si, comme on le suppose, il n'en est pas écarté par une action étrangère. M. Bertrand dit le contraire dans son article du *Journal des Savants ;* mais c'est là une erreur évidente, fort étrange pour un géomètre ordinairement si exact. Elle montre du moins qu'il est fort éloigné de rejeter la proposition mise en lumière par M. Boussinesq ; c'est peut-être pour cette raison que celui-ci, dans sa réponse, ne l'a pas relevée.

Il s'est pourtant bien gardé lui-même de commettre une erreur semblable ; les exemples qu'il a calculés sont parfaitement corrects. Moins simples que le nôtre, quoique restreints aussi à un seul point mobile, ils ont l'avantage de multiplier à plaisir les époques où le mouvement de ce point devient plus ou moins indéterminé. Les plus anciennement trouvés assignent au mobile une trajectoire *géométriquement* déterminée, soit parce qu'ils le supposent enfilé sur une courbe rigide et sans frottement, pouvant admettre des bifurcations et des points multiples, soit parce que les forces sont disposées avec une symétrie qui ne permet le mouvement que sur une ligne droite. L'indétermination consiste en ce qu'il y a, de distance en distance sur cette trajectoire, des points d'arrêt pour ainsi dire facultatifs où, sans manquer à aucune des conditions du problème, le point matériel peut rester immobile *pendant un temps quelconque*, et reprendre ensuite son mouvement sur une quelconque des branches qui passent par ces points d'arrêt. Tant qu'il se meut, tous les détails de son mouvement sont complètement déterminés ; l'indétermination n'arrive qu'aux époques de repos.

M. Boussinesq trouva bientôt un exemple d'une portée plus étendue, où l'indétermination pénètre le mouvement lui-même. On arrive aisément à se le représenter, en imaginant que la droite, tout à l'heure immobile, sur laquelle le point matériel se mouvait, tourne maintenant comme le rayon d'un cercle, en emportant le mobile avec elle. Par là, chaque station facultative se change en un arc de cercle de longueur également facultative, et chaque mouvement, tout à l'heure rectiligne, se change en un mouvement spiraloïde dont tous les détails sont complètement déterminés. Ici donc la trajectoire se compose alternativement d'arcs de cercles et d'arcs de spirales, qui se raccordent bout à bout. Mais entre ces deux espèces d'arcs il y a une différence plus essentielle que celle de leurs figures. Sur les arcs de spirales le mouvement est tout déterminé, et le point mobile ne peut les quitter qu'à leurs extrémités ; au contraire, quand il est sur un arc de cercle, il *peut* ou le parcourir indéfiniment, ou le quitter à tout instant pour se lancer sur un nouvel arc de spirale.

Qu'arriverait-il si, au lieu d'un seul point mobile, nous en considérions plusieurs ? Nous croyons, comme M. Boussinesq, que les cas d'indétermination sont d'autant plus nombreux que le système mobile est plus compliqué. Aussi, quoi qu'en dise M. Bertrand, nous admettons sans peine que, pour un système atomique analogue à ceux que nous voyons autour de nous, il puisse y avoir des conditions initiales telles que les forces intérieures du système seraient impuissantes à déterminer complètement le mouvement de tous ces atomes. Les trajectoires que la dynamique leur assignerait dans ces conditions se composeraient alternativement, comme celle de notre dernier exemple, de portions où le mouvement serait rigoureusement déterminé, et d'autres portions que l'atome pourrait, ou occuper pendant un temps arbitraire, ou quitter à tout instant, sans que rien dans les données du problème puisse lever cette indétermination. Les portions de la première espèce correspondent à ce qu'on appelle des intégrales *particulières*, celles de la seconde à des intégrales *singulières*, dénominations que nous pouvons heureusement accepter sans en exposer les raisons analytiques.

Jusqu'ici nous admettons entièrement les vues de M. Boussinesq, mais nous devons nous séparer de lui dans l'application qu'il en fait aux actions matérielles volontaires. D'après lui, le cerveau serait un système ou une réunion de systèmes atomiques, dans lesquels les périodes d'indétermination se reproduiraient à de très courts intervalles. Dans chacune de ces périodes, l'agent volontaire, qu'il appelle le *principe directeur*, maintiendrait d'abord l'indétermination, et la lèverait ensuite à son gré en terminant la période à l'instant qu'il choisirait; cela lui suffirait pour introduire dans les phénomènes le volontaire que nous y observons; et cependant il n'aurait à appliquer aucune force mécanique, puisque le passage d'une trajectoire singulière à une trajectoire particulière n'exige aucune application semblable.

L'auteur de cette ingénieuse théorie n'est pas simplement un mathématicien qui désire nous convaincre, c'est un habile écrivain qui cherche à nous persuader. Il sait parfaitement, en l'exposant, tirer parti des moindres avantages. Mais son zèle l'emporte un peu loin, quand il nous la présente [1] comme « l'unique moyen qui existe d'échapper » aux conclusions matérialistes de MM. du Bois-Reymond, Huxley, etc. Pour en arriver là il commence par *admettre* que, dans les phénomènes volontaires, « il n'existe pas de force vitale proprement dite ». La seule raison qu'il en donne est l'autorité « des plus grands noms de la science », et il cite des passages d'Alexandre de Humboldt, de Berzélius, de Claude Bernard et de M. Berthelot. Encore ces passages, où il n'y a aucun argument, sont-ils fort peu décisifs ; il n'est pas bien sûr qu'ils se rapportent aux phénomènes volontaires, et nous aurions pu les alléguer nous-même, dans la première partie de ce chapitre, pour exclure toute « force vitale proprement dite » des phénomènes chimiques, plastiques et mécaniques de la vie végétative. Nous croyons cependant que cet « unique moyen d'échapper » aux embûches du matérialisme ne peut résister à la critique, et, sans redouter ces embûches qui ne sont que des toiles d'araignée, nous allons essayer de le démontrer.

[1] *Conciliation du véritable déterminisme*, etc., p. 30.

Ce sera une démonstration purement scientifique. Nous ne demanderons pas comment il est possible de concevoir qu'un atome, aveugle et inintelligent, reçoive et exécute les ordres d'un principe directeur incapable de lui communiquer le moindre ébranlement. On pourrait nous répondre que c'est là de la métaphysique. Nous n'imiterons pas non plus la réfutation de M. Bertrand qui n'est, à notre avis, que de la métaphysique dans le mauvais sens du mot. M. Bertrand, en effet, déclare que « il n'est ni démontré ni dé montrable, ni vraisemblable, ni possible, ni vrai par conséquent, que les équations de la dynamique aient objectivement la rigueur absolue des théorèmes d'Euclide... On suppose, dit-il, la continuité dans la variation d'une force, en admettant qu'elle ne conserve, pendant un temps si court qu'il soit, ni la même intensité, ni la même direction. Il n'en peut être ainsi : toute tentative pour imaginer le mécanisme des actions exercées conduit à supposer des impulsions successives et discontinues dont la durée ne saurait être nulle. » Il est évident que cette dernière phrase n'a pu être dictée que par l'horreur philosophique de *l'action à distance,* c'est-à-dire par une illusion métaphysique dont nous avons démontré l'inanité au chapitre III. Nous avons donné alors d'excellentes raisons pour regarder les attractions et les répulsions atomiques comme des forces réellement primordiales, dont il ne s'agit pas « d'imaginer le mécanisme, » mais dont il faut se servir pour imaginer, ou plutôt, pour expliquer tout le reste du monde matériel. Or, quand on les comprend ainsi, il n'y a plus la moindre raison de leur supposer une variation discontinue, ni d'admettre comme valable la réfutation de M. Bertrand. Il n'est pas certain d'ailleurs qu'avec des forces discontinues, « les solutions multiples disparaissent. » M. Bertrand l'affirme, mais ne le montre pas ; et M. Boussinesq, dans une note de sa réponse, rend le contraire au moins probable.

Voici l'objection péremptoire que nous allons établir contre la nouvelle théorie : Les solutions singulières sont essentiellement *instables*, par suite pratiquement irréalisables, et par conséquent l'indétermination qu'elles semblent devoir introduire ne peut jamais se présenter.

L'*instabilité* est un caractère remarquable qui peut rendre les solutions illusoires, non seulement en statique, mais aussi en dynamique ; et, à notre avis, les traités de mécanique rationnelle feraient bien d'en parler un peu plus au long. C'est pour n'y avoir pas songé que Laplace commit un jour une erreur d'autant plus malheureuse qu'il voulut y voir une réfutation scientifique d'un verset de la Genèse : « Quelques partisans des causes finales, dit-il dans l'*Exposition du système du monde*, ont imaginé que la Lune a été donnée à la Terre pour l'éclairer pendant les nuits. Dans ce cas la nature n'aurait point atteint le but qu'elle se serait proposé, puisque nous sommes souvent privés à la fois de la lumière du Soleil et de celle de la Lune. Pour y parvenir, il eût suffi de mettre à l'origine la Lune en opposition avec le Soleil dans le plan même de l'écliptique, à une distance égale à la centième partie de la distance de la Terre au Soleil, et de donner à la Lune et à la Terre des vitesses parallèles et proportionnelles à leurs distances à cet astre. Alors la Lune, sans cesse en opposition au Soleil, eût décrit autour de lui une ellipse semblable à celle de la Terre ; ces deux astres se seraient succédé l'un à l'autre sur l'horizon, et comme à cette distance la Lune n'eût point été éclipsée, sa lumière aurait constamment remplacé celle du Soleil. » Malheureusement pour lui, Laplace a compté ici sans l'instabilité ; ce qui est erroné dans ce passage, ce n'est pas ce qu'ont « imaginé quelques partisans des causes finales, » c'est son objection et son théorème d'astronomie ; non que la solution analytique qu'il y donne du problème des trois corps soit fautive en théorie, mais parce que c'est une solution *instable,* qui doit se détraquer complètement et d'elle-même à la moindre perturbation, une solution par conséquent que l'existence des planètes rend pratiquement irréalisable. Dès le premier instant, les trois corps seraient écartés de la ligne droite, et leurs actions mutuelles suffiraient ensuite pour donner à la Lune toutes les vicissitudes qu'elle subit aujourd'hui. On trouvera la démonstration de cette instabilité dans un mémoire de M. Liouville, inséré parmi les Additions à la *Connaissance des temps* pour 1845.

L'instabilité en dynamique n'est pas exceptionnellement rare, et il est facile d'en trouver des cas plus simples encore que celui de Laplace. Chacun sait qu'avec une force centrale attractive, fonction de la distance, on peut toujours supposer au point mobile une vitesse telle qu'il décrive un cercle d'un mouvement uniforme. Il suffit que cette vitesse soit perpendiculaire au rayon vecteur et que son carré soit égal au produit de la force par ce rayon. Cela est théoriquement vrai, quelle que soit la manière dont l'attraction varie avec la distance. Mais très souvent, à cause de l'instabilité, cette solution théorique sera pratiquement irréalisable. Si l'on suppose, par exemple, que la force est en raison inverse d'une puissance de la distance, le mouvement circulaire ne sera plus qu'une solution *instable* dès que l'exposant de cette puissance sera supérieur à 3. Ainsi, tandis que l'attraction newtonienne, où cet exposant est 2, ramènerait le mobile vers le cercle si une perturbation accidentelle l'en écartait, une attraction inversement proportionnelle à la 4e puissance continuerait, au contraire, à l'en éloigner indéfiniment. Cependant il est bon de le remarquer, la trajectoire circulaire n'est pas dans ce dernier cas une solution *singulière*, c'est bien la seule qui soit possible d'après les données ; il n'y a pas d'indétermination ; s'il n'intervient aucune perturbation étrangère, le mobile suivra nécessairement le cercle, et il exigerait un temps infini pour s'en écarter tant soit peu de lui-même. Les calculs qui établissent ces propositions ne sauraient trouver place ici, mais ils sont des plus faciles.

Ces exemples suffisent pour se faire une idée nette de l'instabilité et de ses conséquences. Une solution n'est pas instable par cela seul que, dans l'application, elle est exposée à subir quelques dérangements. C'est là, on peut le dire, le sort ordinaire de toutes les solutions théoriques ; parce que, outre les forces principales essentiellement comprises dans les données du problème, il y en a toujours d'autres, généralement beaucoup plus faibles et qui n'interviennent, pour ainsi dire, qu'accidentellement. Dans bien des cas, ces faibles forces perturbatrices ne déterminent que de légères altérations, de même ordre qu'elles, parce qu'elles en sont alors les seules causes efficientes; souvent même il arrive que les forces principales tendent à les neutraliser. Mais elles peuvent aussi, dans d'autres cas, jouer le rôle de causes *excitatrices*, c'est-à-dire, modifier tellement le jeu des forces principales que celles-ci se chargent de continuer elles-mêmes et d'amplifier considérablement le dérangement commencé. C'est dans ces cas que la solution théorique, qui ne prévoit pas les forces perturbatrices, mérite vraiment d'être appelée instable, parce que ces faibles forces la renversent complètement. L'on voit aisément que cette notion de l'instabilité s'étend en dehors de la statique, et qu'elle s'applique à des cas de mouvement avec la même précision qu'à l'équilibre instable. L'on voit aussi que, si beaucoup de solutions théoriques peuvent être considérées comme réalisables dans les phénomènes de la nature parce qu'elles n'y sont exposées qu'à de légères variations, il n'en est pas de même des solutions instables. Tous les traités nous avertissent que, dans cet univers où les corps agissent à toute distance les uns sur les autres, tout équilibre instable est une solution purement théorique, incapable de se réaliser pendant une fraction de seconde ; évidemment et pour la même raison, il en faut dire autant du cas théorique des trois corps démontré par Laplace, du mouvement circulaire sous une attraction centrale en raison inverse de la quatrième puissance de la distance, et en général de toutes les solutions instables.

Or les solutions singulières signalées par M. Boussinesq sont toutes essentiellement instables. On le voit aisément dans chacun des exemples qu'il a calculés ; mais de plus il est possible d'en assigner la raison générale. En effet, lorsque le mobile parcourt une portion singulière de sa trajectoire, la force qui suffit pour l'en écarter et modifier immédiatement le jeu des forces principales de manière à déterminer le mouvement sur une trajectoire complètement différente, c'est une force rigoureusement nulle au début, à laquelle par suite on peut alors attribuer n'importe quelle direction. Il est donc évident qu'une force perturbatrice quelconque, quelque faible qu'on la suppose, sera plus que suffisante pour commencer le dérangement et permettre aux forces principales de le continuer. Seulement entre ces deux forces il y aura cette différence, que la première étant nulle au début n'est pas forcée de commencer le mouvement à un instant plutôt qu'à un autre, tandis que la seconde doit ébranler le mobile dès qu'elle lui est appliquée. Il s'ensuit que, dans les phénomènes réels de l'univers, la trajectoire singulière théorique sera toujours abandonnée dès son premier point et son premier instant ; car il y aura toujours des forces perturbatrices suffisantes pour rendre cet abandon nécessaire. Il n'y aura donc jamais une seule portion singulière pratiquement réalisable, et par conséquent l'indétermination, qui résultait de la possibilité d'une pareille portion, disparaît entièrement.

Il n'y a qu'une seule exception possible à ce raisonnement : ce serait le cas où l'indétermination théorique s'étendrait au système de tous les atomes de l'univers ; car alors il ne resterait plus de forces étrangères pour jouer le rôle de forces perturbatrices. Une pareille occurrence a-t-elle quelque probabilité ? On pourrait le croire à première vue, si l'on admet, comme nous, que plus le système est compliqué, plus les cas d'indétermination possible doivent être nombreux ; mais, pour apprécier la probabilité d'un événement, il ne suffit pas de compter le nombre de chances favorables ; il faut aussi compter le nombre de chances défavorables, et considérer le rapport de ces deux nombres. Peut-être ce rapport décroît-il à mesure que les nombres augmentent. Il serait bien difficile aujourd'hui d'évaluer, même approximativement, une telle probabilité. Heureusement nous pouvons nous en dispenser ; car il ne paraît pas qu'on puisse, sur une pareille base, édifier une théorie analogue à celle de M. Boussinesq [1].

Avant de quitter celle-ci, nous devons signaler une autre espèce d'indétermination qui ne correspond pas à des intégrales singulières, mais dont la possibilité n'a pas échappé à cet ingénieux mathématicien. Il l'a jugée avec raison « moins intéressante » que l'autre, au point de vue des actions volontaires, et il ajoute : « Il serait curieux de trouver en mécanique, s'il en existe, des exemples de lieux de bifurcations ne constituant pas une

---

[1] Nous conservons cette phrase telle qu'elle a paru dans la *Revue des questions scientifiques*, en janvier 1879, lors de la première publication de ce chapitre. Le lecteur verra au commencement du chapitre suivant que, si l'on n'a pas sérieusement essayé d'édifier une semblable théorie, on a du moins, pour échapper à notre objection, espéré que ce ne serait pas impossible. Nous croyons que les considérations dont nous accompagnons cet exposé démontreront clairement cette impossibilité.

intégrale, des exemples de *bifurcations instantanées*, pour ainsi dire. Le moment de prendre chaque décision n'y serait pas laissé à la disposition du principe directeur : celui-ci devrait intervenir à des instants déterminés, pour choisir entre deux ou plusieurs voies ouvertes, tout à coup, devant le système matériel [1]. » Nous croyons que, dans ces cas, l'indétermination résulte de ce que, à un certain instant, la force et la vitesse deviennent toutes deux infinies ; de même que, dans les solutions singulières, elle nous paraît due à ce que certaines forces et certaines vitesses correspondantes s'annulent ensemble. Voici, nous semble-t-il, un exemple fort simple de cette nouvelle espèce d'indétermination. Un point matériel sans vitesse initiale, attiré vers un point fixe suivant la loi newtonienne, acquiert une vitesse infinie en arrivant au point fixe où l'attraction devient également infinie. En regardant son mouvement rectiligne comme la limite de divers mouvements elliptiques, on démontre aisément que l'on peut attribuer à cette vitesse infinie n'importe quelle direction ; et, en appliquant le théorème général de la réversion, on conclurait que le mobile peut

---

[1] *Conciliation du véritable déterminisme* etc. — Notes complémentaires, page 169.

ensuite, à partir du point fixe, parcourir une droite suivant une direction absolument indéterminée. Mais d'après ce que nous savons de la constitution atomique des corps, il paraît impossible qu'un pareil cas se présente jamais dans la nature, et la philosophie naturelle n'a point à s'en occuper.

L'examen consciencieux que nous venons de faire nous permet de résoudre affirmativement la question que nous nous sommes posée plus haut : Oui, il existe des forces mécaniques volontaires.

En effet, nous pouvons maintenant affirmer que là où les forces atomiques, non volontaires, interviennent seules, le mouvement de leurs mobiles est rigoureusement déterminé par les conditions initiales jointes aux équations de la dynamique. Si donc ces forces étaient seules appliquées aux atomes du cerveau, tous les mouvements de ces atomes seraient déterminés d'avance, et il en serait de même de tous les phénomènes nerveux, de tous les phénomènes organiques qui en sont la conséquence. Il n'y aurait donc pas de phénomènes matériels volontaires. La seule manière possible d'expliquer l'existence de certains de ces phénomènes, en dehors de l'harmonie préétablie que repousse le sens intime, est donc d'attribuer aux agents volontaires une faculté analogue à celle que possèdent les substances atomiques, la faculté d'exercer sur les atomes une action qui suffirait à elle seule pour les déplacer et qui, dans tous les cas où elle s'exerce, modifie leurs mouvements; en d'autres termes, de leur appliquer des forces mécaniques. Nous connaissons les difficultés philosophiques et scientifiques que l'on peut opposer à cette conclusion ; mais, comme nous sommes loin d'avoir épuisé le sujet dans ce chapitre, on nous permettra de les réserver.

CHAPITRE VII.

LES FORCES VOLONTAIRES (SUITE). — LES MOUVEMENTS MUSCULAIRES ET LES SENSATIONS.

SOMMAIRE. — Résumé de l'argument fourni par *l'instabilité*. — Dernier recours des solutions singulières. — Examen de deux autres difficultés soulevées par la théorie des forces volontaires. — Période cérébrale des mouvements musculaires, — Peut-on vouloir et exécuter des mouvements dont on ignore le détail ? — La fatigue. — L'excitation extérieure, l'attention, la connaissance. — Limites de la liberté dans la sensation. — L'attention générale. — Rapport numérique de l'excitation et de la perception. - Sensations agréables ou pénibles.

Plusieurs habiles géomètres ayant lu le chapitre précédent dans la *Revue des questions scientifiques* [1], ont bien voulu nous écrire à propos de l'ingénieuse théorie de M. Boussinesq. Deux des plus distingués refusaient finalement d'admettre notre thèse ; mais ils admettaient au moins ce que notre argumentation a de plus neuf et de plus

[1] Janvier 1879.

essentiel, et ils ont ainsi renforcé notre conviction, grâce à la haute autorité qu'ils ont acquise par leurs travaux mathématiques. Le lecteur, à qui nous pouvons heureusement sans aucune indiscrétion communiquer leur critique, verra si nous nous faisons illusion.

Rappelons en peu de mots cette argumentation, sur laquelle se fonde tout ce que nous allons dire des mouvements volontaires et des sensations.

L'*instabilité*, disions-nous, est un caractère remarquable, dont les traités de mécanique rationnelle parlent à peine en dehors de la statique, et qui cependant peut souvent rendre illusoires, dans l'application, les solutions théoriques des problèmes de dynamique. Quand, dans un de ces problèmes, les forces *données* sont exposées, grâce aux conditions initiales, à modifier complètement leur jeu aussitôt qu'intervient une force étrangère quelque faible qu'on la suppose, de manière à continuer elles-mêmes et à amplifier considérablement le petit dérangement commencé par cette intervention, la solution théorique, qui ne tient compte que des forces données, est à bon droit appelée *instable* parce que, comme l'équilibre instable, elle est absolument irréalisable dans la nature. Toujours, en effet, dans les problèmes naturels, il y a, grâce aux actions mutuelles de tous les atomes de l'univers, une infinité de petites forces perturbatrices que l'on ne peut introduire dans les données. Dans bien des cas, dans la plupart si l'on veut, ces faibles forces ne déterminent que de légères altérations, de même ordre qu'elles, parce qu'elles en sont les seules causes efficientes ; la solution trouvée par le calcul est alors une solution réelle, quoique simplement approximative. Mais dans les cas d'instabilité, elles agissent comme excitatrices des forces données ; et celles-ci, causant alors des dérangements considérables, en rapport avec leur grandeur, amènent un résultat qui n'a plus aucune ressemblance avec la solution théorique. Les exemples que nous avons donnés plus haut le montrent suffisamment.

Les seules solutions théoriques *instables* qui puissent se réaliser dans les problèmes naturels, sont évidemment celles qu'on obtiendrait en introduisant dans les données toutes les forces qui agissent réellement sur le système considéré, c'est-à-dire, en y faisant intervenir tous les atomes pondérables et impondérables de l'univers, sans aucune exception, avec les lois parfaitement exactes, et non simplement approchées, des actions qu'ils exercent. Une pareille exception n'en est pas une, et l'on peut dire sans crainte, de toute solution dont on prouve l'instabilité, qu'elle est absolument irréalisable dans la nature. La nature n'admet nos solutions qu'en leur faisant subir au moins de légères corrections; or ce qui caractérise les solutions instables, c'est précisément qu'elles ne peuvent supporter la moindre correction. *Sint ut sunt, aut non sint.* Elles rompent au début plutôt que de plier.

Voici maintenant comment ces considérations s'appliquent à la théorie de M. Boussinesq.

Ce savant géomètre a voulu utiliser pour la philosophie naturelle une étrange indétermination qu'il a signalée dans certains problèmes théoriques de dynamique. En effet, nous l'avons vu plus haut, ces problèmes exceptionnels admettent tout d'abord, comme tous les autres, des solutions *particulières* bien déterminées; mais ils admettent en outre des solutions *singulières* toutes différentes qui, à ne considérer que les données, sont également possibles, et qui, de plus, peuvent à chaque instant, sans l'intervention d'aucune nouvelle force mécanique, être abandonnées pour de nouvelles solutions particulières. Il y a donc indétermination pendant toutes les périodes où les mobiles suivent des trajectoires singulières. Or, d'après M. Boussinesq, il y aurait, dans les organismes vivants, certaines portions, le cerveau par exemple, où les conditions de pareils problèmes se trouveraient fréquemment réalisées. A l'ouverture de chaque période singulière, l'agent volontaire y maintiendrait d'abord l'indétermination qui se présente d'elle-même, et aurait de plus le pouvoir de la lever au moment qu'il choisirait. Quelque mystérieux que paraisse l'exercice de ce pouvoir, il est certain qu'il n'exigerait aucune application de force mécanique, puisque les forces atomiques, qui produisent la solution singulière, peuvent également produire la solution particulière qui lui succède. M. Boussinesq croit que, pour rendre possibles tous les phénomènes volontaires par cette simple faculté élective, il suffit d'admettre que les périodes singulières se présentent en nombre considérable dans un temps très court.

Sans reprocher à cette théorie naissante les lacunes importantes qu'on y pourrait signaler, sans nous arrêter aux nombreuses difficultés que la philosophie et la physiologie pourraient lui opposer, nous n'avons formulé qu'une objection très nette, tirée comme elle de la mécanique; mais cette objection nous semble péremptoire : *Les solutions singulières des problèmes de dynamique sont des solutions instables.* Cette instabilité leur est essentielle, car elle résulte précisément de l'indétermination qu'elles introduisent. En effet, pour changer une trajectoire singulière en une trajectoire particulière, pour supprimer la première et la remplacer par une solution toute différente, ce qui suffit ce n'est pas seulement, comme pour toutes les solutions instables, une force perturbatrice quelque faible qu'on la suppose, c'est une force rigoureusement nulle. Toute force réelle quelconque sera donc *à fortiori* suffisante, et par conséquent l'instabilité est assurée. Il s'ensuit qu'aucune solution singulière trouvée théoriquement n'est jamais réalisable dans la nature. Seules, les solutions particulières sont pratiquement possibles ; or, dans celles-là pas d'indétermination. L'agent volontaire, le principe directeur, n'aura donc jamais l'occasion d'exercer le pouvoir mystérieux qu'on lui attribue.

Tel est le fond de l'argumentation développée au chapitre précédent. Nous ajoutions en la terminant : « Il n'y a qu'une seule exception possible à ce raisonnement : ce serait le cas où l'indétermination théorique s'étendrait au système de tous les atomes de l'univers; car alors il ne resterait plus de forces étrangères pour jouer le rôle de forces perturbatrices. » Mais nous n'avons pas cru devoir examiner cette hypothèse, parce que, disions-nous, « il ne paraît pas qu'on puisse, sur une pareille base, édifier une théorie analogue à celle de M. Boussinesq. »

Eh bien ! nous avons eu tort de ne pas occuper cette dernière position; car c'est là que se sont retranchés nos deux savants contradicteurs.

Le premier répugnait depuis longtemps à douer les agents volontaires de forces mécaniques; et peut-être faudrait-il attribuer cette répugnance à une difficulté d'ordre métaphysique que nous examinerons tout à l'heure. Il n'admettait pas que les phénomènes matériels volontaires pussent causer la moindre variation dans l'énergie totale de l'univers. Il rejetait d'ailleurs, croyons-nous, l'harmonie préétablie de Leibnitz. Ces phénomènes devaient donc lui paraître un mystère insondable. Aussi, dès qu'il se fut assuré, par les calculs de M. Boussinesq, que l'indétermination peut bien réellement se présenter dans la solution de problèmes de dynamique, il adopta sans hésitation l'application philosophique de cette découverte, qui répondait si bien à ses convictions et à ses perplexités.

Après avoir lu notre chapitre VI, et y avoir particulièrement remarqué la « discussion sur l'instabilité des solutions singulières, » il nous écrivit que cet article lui *plaisait beaucoup;* mais il n'était pas *converti*, parce que la conclusion lui semblait « infirmée par la remarque finale : *dans l'univers entier, il n'y a pas de perturbations.* » Du reste, en se retirant sur ce terrain, il ne relevait pas l'espèce de défi qui suivait cette remarque finale, et n'essayait pas de montrer qu'il fût possible « d'édifier, sur une pareille base, une théorie analogue à celle de M. Boussinesq ».

Mais il faut en convenir, devant la difficulté de l'entreprise, il avait peut-être le droit de s'y refuser. La question des solutions singulières dans un système tant soit peu compliqué est actuellement tout à fait inabordable à l'analyse. M. Boussinesq ne l'a traitée que pour un seul point, ou, ce qui revient au même, pour le mouvement relatif de deux points. On ne peut certainement pas la traiter complètement aujourd'hui pour le mouvement relatif de trois points. Même pour le cas si simple de Laplace, que nous avons rapporté plus haut et dont M. Liouville a démontré l'instabilité, il est impossible de voir dans les formules de ce géomètre si l'on est, ou non, en présence d'une solution singulière. Que serait-ce si, au lieu de trois points, il fallait considérer, dans des formules rigoureusement exactes, tous les atomes de l'univers ? Tout peut se rencontrer, semble-t-il, dans une pareille masse de mystères.

Pourquoi ne s'y trouverait-il pas des combinaisons de formules capables de rendre compte, par les solutions singulières, de tous les phénomènes volontaires qui se produisent? Nous concevons parfaitement que, n'étant pas l'inventeur de la nouvelle théorie, notre contradicteur se contente d'escompter un aussi vaste inconnu, et qu'il nous laisse le soin de lui prouver que sa confiance est mal fondée. Eh bien! de même qu'on peut établir certaines lois générales de l'univers sans résoudre ni même poser les équations du problème universel, de même nous croyons qu'il est possible, sans attendre les progrès futurs de l'analyse, de porter assez de lumière dans ces ténèbres pour montrer que la nouvelle théorie philosophique ne peut s'y établir. C'est ce que nous essayerons aussitôt que nous aurons fait connaître les objections de notre second correspondant. Les voici telles qu'il a bien voulu les développer :

« Peut-être n'aurez-vous pas remarqué la manière dont M. Boussinesq pose le problème à la page 64, ligne 6 à 20 [1]. Au fond cela revient à

---

[1] Voici ces quinze lignes ; pour les bien comprendre, il faut savoir qu'elles visent à montrer combien serait difficile l'*explication analytique des phénomènes matériels de la vie.* « Il faudrait évidemment tenir compte, à la fois, des actions intérieures de l'organisme et des réactions exercées

dire qu'il faut, dans la question des mouvements intérieurs d'un organisme, considérer aussi tous les atomes extérieurs qui ont avec les atomes intérieurs des rapports effectifs ; ou, suivant votre expression (d'une logique trop rigoureuse à mon avis, car je crois la logique de la nature moins sévère que celle du géomètre), cela signifierait qu'il faut regarder le système matériel à étudier comme comprenant tous les atomes de l'univers. Cela ne voudra pas dire que l'indétermination atteigne tous les atomes sans exception, mais qu'elle est pour les groupes *sans cesse changeants* où elle réside, parfaitement compatible avec la présence et l'action de tous les

continuellement sur ces diverses parties par le milieu ambiant. Ces réactions ne pourraient-elles pas d'ailleurs être supposées, avec une approximation suffisante, exprimables en fonction explicite du temps, si ce n'est peut-être dans quelques cas restreints : car elles dépendent à toute époque des situations relatives des atomes en présence et, par conséquent, de toutes les causes, y compris le principe directeur, qui ont réglé la suite des changements survenus dans le système jusqu'à l'époque considérée. Mais ce n'est pas tout: outre des échanges d'énergie, il se produit à chaque instant, à travers la surface d'un corps animé, des échanges de matière entre le dehors et le dedans. »
Conciliation du véritable déterminisme mécanique avec l'existence de la vie et de la liberté morale, p. 64.

autres. Ainsi, c'est, au fond, dans l'hypothèse que vous exprimez au bas de la page [79] qu'il s'est placé.

» Et, si la complication excessive de la question s'oppose à ce qu'on puisse l'attaquer par le calcul d'une manière directe, l'expérience vient à son aide pour indiquer, ce me semble, que la bonne voie est celle où il a marché. En effet, l'expérience montre, d'une part, que l'instabilité physico-chimique des tissus vivants est extrême, *incomparable*, telle que rien n'en approche dans la nature morte ; d'autre part, que cette instabilité n'est pas moins constante, et qu'elle sait se maintenir tant que dure la vie. Je ne vois pas qu'on puisse donner une meilleure justification d'une hypothèse scientifique quelconque. »

Nous avons cité ce dernier paragraphe pour ne rien omettre de ce qu'on nous objectait, et aussi parce que la réflexion qui le termine montre bien la conviction profonde de notre correspondant. Au fond, il n'atteint pas du tout notre argumentation. Si nous le comprenons bien, il a la même portée que la remarque suivante, faite par M. Boussinesq à la page 55 de son ouvrage : « C'est précisément ce que porte à penser l'observation directe, au point de vue chimique, des *êtres organisés*, et spécialement des centres nerveux. Leur composition, éminemment altérable, se prête à des modifications aussi diverses que peu stables, dès que varient les circonstances de température, de milieu, etc. Or l'existence de solutions singulières, établissant un passage d'un état à un autre état, est évidemment plus admissible dans de pareilles conditions que lorsqu'il s'agit de molécules à affinités énergiques, de molécules placées en quelque sorte sur une pente rapide, et qui tendent presque inévitablement vers un état d'équilibre stable entièrement déterminé. » — Or, il nous semble qu'on peut fort bien regarder « l'existence de solutions singulières, » comme « plus admissible » dans les corps vivants que dans les autres, sans regarder comme probable qu'elle puisse expliquer les phénomènes matériels volontaires. Si donc nous étions partisan de cette « hypothèse scientifique, » nous voudrions que l'expérience en donnât « une meilleure justification ».

Mais nous disons que les solutions singulières ne sont admissibles que dans les problèmes purement théoriques, et dès lors cette ingénieuse remarque sur l'instabilité physico-chimique des tissus vivants (qu'il ne faut pas confondre avec l'instabilité des solutions en dynamique), n'a plus à nos yeux la moindre valeur comme justification expérimentale d'une hypothèse inadmissible. Voyons donc ce que nous oppose le premier paragraphe.

Il nous reproche, en passant, *une logique trop rigoureuse, plus sévère que celle de la nature ;* mais ce n'est là évidemment qu'une figure de rhétorique pour insinuer, entre parenthèses, que les solutions instables pourraient bien se conduire comme si elles ne l'étaient pas. *Essentiellement* incapables de résister un seul instant à *la moindre* perturbation, elles pourraient cependant échapper quelquefois, grâce aux distractions de la nature ! Et pourtant, endehors de cette parenthèse, on semble bien admettre que nous avons démontré le contraire ; et l'on nous dit qu'au fond M. Boussinesq s'est placé dans la seule hypothèse signalée par nous comme échappant à cette démonstration. Nul n'accusera cette logique d'être trop rigoureuse ; mais nous la trouvons bien embarrassante pour nous. Niez-vous l'instabilité absolue des solutions singulières ? Niez-vous que les solutions instables soient en général irréalisables ? S'il en est ainsi, répondez par des arguments et non par des métaphores ; sinon, nous vous renvoyons aux arguments que nous avons donnés nous-même. Si, au contraire, nos arguments vous ont convaincu, si vous nous accordez ces deux points comme nous les avons établis, il ne vous reste qu'à recourir franchement, comme l'a fait notre premier contradicteur, et comme, d'après vous, M. Boussinesq lui-même l'aurait fait dès l'origine, à la seule hypothèse que, dans le chapitre précédent, nous avions volontairement négligée, comme tout à fait impraticable à sa théorie.

Sur ce terrain nous acceptons la lutte, et déjà tout à l'heure nous avons promis de nous y rendre. Vous ne montrez pas qu'il vous appartient, mais nous croyons être en mesure de montrer qu'il ne vous appartient pas; car si, comme nous l'avons dit dès l'abord, les solutions singulières y sont admissibles, elles n'y peuvent absolument rien pour sauvegarder la liberté; et, chose assurément plus inattendue, la liberté est elle-même chargée de les rendre impossibles.

Nous sommes d'ailleurs parfaitement d'accord sur la position de la question : il n'est pas nécessaire que l'indétermination résultant des solutions singulières atteigne tous les atomes de l'univers sans exception, mais il faut qu'elle soit, *pour les groupes où elle réside, parfaitement compatible avec la présence et l'action de tous les autres.* Comment a-t-on pu s'exprimer avec cette précision et cette exactitude, sans voir aussitôt que, les divers *groupes* n'étant plus indépendants les uns des autres, cette solidarité pouvait compromettre leur liberté? Puisqu'on ne l'a pas vu, nous allons le montrer. Grâce à ce que nous avons établi sur l'instabilité essentielle à toutes les solutions singulières, on verra sans peine que cette liberté n'est pas seulement compromise, mais supprimée.

En effet, voici, par exemple, un mouvement libre que je viens de faire. On me dit que, pour l'exécuter, j'ai dû maintenir pendant une seconde tel atome de mon cerveau sur une trajectoire singulière; et, pour qu'il soit libre, il faut qu'à chaque instant de cette seconde j'aie pu moi-même arbitrairement déterminer l'atome à rester sur cette trajectoire ou à l'abandonner. Or, pendant la même seconde, les autres agents libres ont exécuté des mouvements, et par suite ont fait varier les faibles forces que les masses gouvernées par eux appliquaient à l'atome considéré; mais, par hypothèse, ces faibles forces ont été à chaque instant tout juste ce qu'il fallait pour lui permettre ce mouvement; car, sans cette rigoureuse exactitude, la trajectoire singulière, éminemment *instable*, aurait été abandonnée et mon mouvement libre n'aurait pas eu lieu. Eh bien! je le demande, que serait-il arrivé, dans les mêmes conditions, si un de ces agents avait fait d'autres mouvements? Évidemment, en général et à moins d'un hasard infiniment peu probable, son action sur le premier atome eût été différente; la différence serait une force très faible sans doute, mais non une force nulle; et puisque la trajectoire singulière de mon atome est parfaitement instable, cette force très faible y aurait mis un terme à l'instant même et malgré moi. Ou bien donc je n'étais pas libre pendant cette seconde, puisque mon action pouvait être arbitrairement changée sans mon consentement par un autre; ou bien cet autre ne l'était pas, puisqu'il ne pouvait lui-même modifier ses actions. Et ce qui est vrai d'un second agent supposé libre, est vrai au même titre de tous les autres. Ma liberté n'a donc pu être sauvegardée pendant cette seconde, qu'à la condition d'enchaîner pendant le même temps toutes les autres libertés. Et dans les secondes suivantes ?... Il n'y aurait donc jamais place que pour une seule liberté à la fois dans tout l'univers matériel. Est-ce là ce que nous montre l'expérience? N'est-ce pas plutôt le cas de dire : Je ne vois pas qu'elle puisse donner une meilleure *réfutation* d'une hypothèse scientifique quelconque[1] ?

---

[1] Un raisonnement analogue permet d'établir le théo-

Cette discussion enlève donc à la nouvelle psychologie tout le terrain scientifique où elle s'était établie ; mais, de plus, elle fournit une excellente réponse à certaines perplexités qu'a fait naître, presque dès l'origine, la découverte de M. Boussinesq. Si les mouvements peuvent être indéterminés quand les forces et l'état initial sont déterminés, si une pareille indétermination n'est pas absolument irréalisable dans l'ensemble de l'univers, n'avons-nous pas à craindre qu'elle se réalise quelquefois, et alors qu'arriverait-il ? M. Boussinesq la faisait lever par ses principes directeurs quand les atomes où elle résidait se trouvaient dans les corps organisés. Mais, quand même on admettrait cette hypothèse inadmissible, l'indétermination ne pourrait-elle pas résider aussi dans d'autres atomes ? Et alors qui la lèverait ? Un monde où un seul atome en mouvement serait

rème suivant : Si, dans un système de points matériels agissant réciproquement les uns sur les autres, il y a n points pouvant suivre en même temps des trajectoires singulières, il suffit en général qu'un seul de ces points passe sur une trajectoire particulière, pour que les $n-1$ autres soient aussitôt obligés d'en faire autant. De sorte qu'il suffirait d'une seule variable indépendante t, pour décrire les alternatives de ce phénomène théorique, composé successivement de *périodes singulières* et de périodes ordinaires.

placé devant deux routes, obligé de suivre l'une ou l'autre et sans aucune raison de suivre l'une plutôt que l'autre, ne serait-il pas une absurdité, ou du moins l'intervention miraculeuse n'y serait-elle pas nécessitée par un véritable défaut de construction ? Que serait-ce si, comme cela paraît possible, un tel défaut s'y présentait souvent, et un peu partout ? Rassurons-nous, grâce à la liberté, jamais rien de pareil ne se présentera. En effet, pour qu'un atome suive une solution singulière, il faut non seulement que des conditions très exceptionnelles se réalisent à un certain *instant*, mais encore qu'elles persévèrent pendant un certain *intervalle* de temps. Pour cela il faut que tous les autres atomes de l'univers se conduisent chacun, pendant tout cet intervalle, d'une façon toute déterminée ; la moindre déviation de l'un d'entre eux rejetterait le premier, de sa trajectoire essentiellement instable, sur une trajectoire particulière bien déterminée. Il faudrait donc que, pendant tout ce temps, tous les agents libres sans exception réglassent rigoureusement, malgré leur liberté, toutes leurs actions matérielles de manière à sauvegarder l'indétermination. Un pareil concours n'est pas métaphysiquement impossible ; mais il est physiquement irréalisable ; et par conséquent on peut dire que jamais, dans le monde matériel, il n'y aura ni trajectoire singulière, ni hésitation d'un seul atome. La seule indétermination qui puisse trouver place dans ce monde est celle que les agents libres y produisent eux-mêmes, en altérant volontairement les déterminations atomiques ; et l'on peut dire qu'il faut, contrairement à ce que fait M. Boussinesq, expliquer l'indétermination par la liberté et non la liberté par l'indétermination.

C'est l'expérience, ce sont les faits qui nous ont obligés à admettre cette altération volontaire. Leibnitz, il est vrai, a cru pouvoir se soustraire à cette nécessité sans s'astreindre à nier la liberté, sans tomber dans les grossières incohérences du matérialisme. Pour lui, tous les phénomènes matériels, sans exception, même ceux que nous appelons volontaires, formaient une chaîne rigoureusement déterminée par un quelconque de ses anneaux ; tandis que les actes libres, exclusivement immatériels, formaient une seconde chaîne parallèle dont la correspondance avec la première n'avait d'autre cause que la providence divine. Mais on l'a vu, cette harmonie préétablie contredit la connaissance très claire que le sens intime nous donne de notre liberté. Cette objection est péremptoire, et nous n'avons pas besoin d'opposer à Leibnitz les singulières conséquences que donnerait sa théorie si l'une des deux chaînes, la première ou la seconde, était anéantie. Sa théorie n'est donc pas admissible, et par conséquent il faut reconnaître que nous sommes les véritables causes efficientes de nos actes matériels. Et puisque ces actes altèrent des mouvements atomiques qui, sans eux, s'exécuteraient d'une autre manière, c'est-à-dire sur d'autres trajectoires toutes déterminées ; puisque jamais un atome réel ne passe d'une trajectoire à une autre suivant la nouvelle théorie, c'est-à-dire sans l'intervention d'une force mécanique réelle ; il faut conclure que nous avons le pouvoir de développer, quand nous le voulons, et d'appliquer à certains atomes des forces de cette espèce.

Contre cette conclusion, qui nous semble parfaitement inévitable, il y a deux difficultés que nous devons examiner.

La première, que certains esprits regardent comme à jamais insoluble, est l'incompatibilité qu'ils croient apercevoir entre le matériel et l'intellectuel. Ces deux ordres leur semblent si disparates, si opposés que, pour les faire correspondre, ils recourent, comme Leibnitz, à la providence divine, et faute d'y recourir, ils voient, dans tous les faits où la correspondance s'affirme, des mystères redoutables, voisins du contradictoire et de l'absurde. « Les fonctions du cerveau, disait Cuvier, supposent l'influence mutuelle, à jamais incompréhensible, de la matière divisible et du moi indivisible, hiatus infranchissable dans le système de nos idées et pierre éternelle d'achoppement dans toutes les philosophies. » N'ayant jamais nous-même éprouvé ces terreurs, nous avons été longtemps incapable de les comprendre. Aujourd'hui nous croyons qu'elles ont pour unique origine une mauvaise théorie des actions purement matérielles. On commence par *imaginer* une analyse fort peu rationnelle des actions que les corps exercent les uns sur les autres, et l'on se demande ensuite comment il est possible qu'un esprit exerce des actions semblables. Rappelons, par exemple, la phrase de M. Bertrand citée au chapitre précédent : « Toute tentative pour imaginer le mécanisme des actions exercées conduit à supposer des impulsions successives et discontinues. » Ainsi les atomes eux-mêmes n'agiraient sur d'autres atomes, qu'en les heurtant pour les déplacer. Des chocs, rien que des chocs, formeraient en dernière analyse tous les phénomènes purement matériels. Or, comment imaginer qu'un esprit aille heurter un atome, et le détermine au mouvement par son contact et son impénétrabilité ?

Comment imaginer qu'un esprit unique, un « moi indivisible, » heurte et pousse en même temps les millions d'atomes d'une « matière divisible ? » N'est-ce pas là vraiment une chose « à jamais incompréhensible, un hiatus infranchissable, une pierre éternelle d'achoppement ? »

Sans doute ; mais qui donc a démontré le *mécanisme* que vous imaginez ? Qui l'a simplement rendu fort probable ? L'unique argument qu'on apporte en sa faveur contre la théorie rivale n'est-il pas une simple illusion métaphysique [1] ? N'avons-nous pas déjà, dans les seuls phénomènes physico-chimiques, de puissantes raisons pour le rejeter ? Et la difficulté insoluble qu'il introduit dans la théorie des phénomènes vitaux n'est-elle pas un nouveau et pressant motif d'embrasser le système opposé, et de regarder les attractions et les répulsions atomiques comme des forces réellement primordiales ?

Dans ce système, l'insoluble difficulté n'existe pas, et, si le domaine de l'inconnu y reste sans bornes, du moins on n'y aperçoit nulle part l'hiatus de l'inconcevable et la pierre d'achoppement de l'absurde. On s'en convaincra aisément si on se rappelle ce qui a été dit au chapitre III, des

---

[1] Nous l'avons montré au chap. III.

substances atomiques et de leur activité. Ces substances ont été reconnues alors comme étant *les agents qui transforment les points isolés de l'espace en atomes*, c'est-à-dire en sièges de forces centrales dont les lois sont, en elles-mêmes, rigoureusement déterminées ; et en formulant ces lois d'après les découvertes de la physique moderne, nous avons, autant que cela est possible aujourd'hui, caractérisé leur activité. Mais une difficulté s'est alors présentée ; il a fallu nous poser la question suivante : Ces substances ont-elles, à un degré quelconque, un pouvoir de connaître analogue à celui de l'homme? Avons-nous, pour la résoudre négativement, invoqué même comme simplement probable une incompatibilité quelconque, entre l'activité purement matérielle que nous venions de leur reconnaître, et l'activité intellectuelle que nous allions leur refuser ? Non, nous avons dit que rien, absolument rien, ni dans les phénomènes ni dans les théories, ne portait à attribuer aux substances atomiques la moindre parcelle de connaissance sensible ou intellectuelle ; nous avons ajouté que la nécessité, l'enchaînement rigoureux des phénomènes qu'elles produisent, interdisait une pareille attribution. Et nous croyons qu'aucun de nos lecteurs, arrivé à cet endroit du chapitre III, n'aura songé à corroborer notre argumentation par cette prétendue incompatibilité. Considéré en lui-même, et non dans tel ou tel *mécanisme* explicatif, le pouvoir d'écarter ou de rapprocher des points géométriques, ou en d'autres termes le pouvoir d'appliquer immédiatement aux atomes des forces mécaniques, n'a rien qui exclue le pouvoir de connaître ; et celui-ci n'a rien qui doive rendre incapable du premier. L'un n'exige pas l'autre sans doute, mais ils ne se repoussent pas ; et l'on peut, sans le moindre effort, concevoir qu'une même substance, un même agent, soit doué à la fois de ces deux activités. *A priori*, le cas *peut* se présenter ; c'est aux faits, c'est à l'expérience qu'il faut demander s'il se présente. Or, nous l'avons vu, l'expérience des phénomènes volontaires nous répond par l'affirmative.

La seconde difficulté soulevée par notre thèse est toute négative. S'il existe des forces mécaniques volontaires, pourrait-on dire, elles doivent, relativement aux forces atomiques de l'univers, être considérées comme des forces *extérieures* ; leur travail doit donc exposer l'énergie du système à de continuelles variations. D'où vient que jusqu'ici l'on n'a pas constaté ces variations ? — La réponse est aisée. Cela vient de ce que la physiologie n'est pas encore en état de mesurer toutes les variations d'énergie qui se produisent sans cesse dans les organismes vivants. Parmi ces variations, il en est parfois de très faibles qu'elle peut mesurer grâce à des circonstances particulières ; c'est ainsi qu'elle a trouvé que le travail nerveux n'est que le trente-millième du travail musculaire correspondant. Mais il en est d'autres plus considérables qu'elle n'a mesurées que fort grossièrement ; c'est ainsi qu'elle n'a constaté que par à peu près le rapport, calculé d'avance, entre les combustions internes dans l'animal vivant et l'énergie qu'il dégage. Dans ces conditions, l'impossibilité où elle est actuellement de mesurer le travail des forces volontaires, ne peut rien prouver contre l'existence de ces forces. On en conclura tout au plus que cette quantité de travail est inférieure à celles dont la physiologie peut, dans des circonstances analogues, obtenir la mesure. D'ailleurs peut-on citer un seul physiologiste qui ait sérieusement essayé cette recherche ? En existe-t-il beaucoup que des études de mécanique rationnelle et de philosophie aient préparés à l'entreprendre ?

Du reste, de ce que les forces volontaires seraient très faibles relativement à celles que nous mesurons ordinairement, il ne s'ensuit nullement qu'elles soient plus faibles que les forces atomiques avec lesquelles elles doivent joindre leur action. Il se pourrait même qu'elles fussent souvent de beaucoup supérieures à ces dernières ; car, vu le nombre immense des atomes et l'incroyable petitesse de leurs masses, nous savons que les forces interatomiques sont au-dessous de tout ce que nous pouvons imaginer.

A ce propos, on nous permettra de ne pas prendre congé de M. Boussinesq, après l'avoir critiqué si longuement, sans critiquer encore une note finale ajoutée par lui à une nouvelle édition de sa réponse à M. Bertrand, et dont le langage conciliateur serait notre condamnation, si nous l'acceptions comme parfaitement exact. Voici cette note :

« D'ailleurs, si l'on persistait à croire aux forces vitales, la nécessité de se mettre d'accord avec l'expérience des physiologistes obligerait de n'attribuer à ces forces que de très petites valeurs, de l'ordre de celles qui échappent à l'observation. Or, de pareilles forces ne peuvent amener des effets sensibles que dans des systèmes matériels dont l'état physico-chimique est presque instable, ou diffère très peu d'un état pour lequel il y aurait indétermination mathématique parfaite de voies. Donc, même dans cette opinion, la recherche des solutions singulières des équations de mouvement, des réunions et bifurcations qu'admettent leurs intégrales, conserverait toute son importance; car elle fournirait les points de repère naturels pour déterminer les conditions effectives d'existence des êtres vivants, ou mieux, elle ferait connaître ces conditions avec une approximation pratiquement équivalente à l'exactitude. Ainsi une telle opinion ne différerait pas sensiblement, quant aux explications qu'elle pourrait permettre de donner des phénomènes vitaux, de celle qui réduit la vie et la volonté au rôle de simples principes directeurs ; et le géomètre devrait toujours accepter celle-ci, *quand ce ne serait qu'à titre d'hypothèse simplificatrice n'altérant pas les résultats d'une manière appréciable,* tout comme il réduit les atomes à de simples points, qualifiés par lui *de points matériels,* faute d'avoir aucune donnée positive sur leurs dimensions, qu'il sait seulement être imperceptibles et qu'il est conduit à supposer très petites en comparaison des distances d'atomes voisins. Il serait donc bien inutile, aux partisans de l'une et de l'autre opinion, de se critiquer mutuellement pour de légères nuances, que l'imperfection de nos moyens de connaître rendrait à peu près insaisissables et qui ne correspondraient peut-être même à rien de réel hors de nous, mais seulement à des différences subjectives de points de vue. »

Si nous comprenons bien le point de départ de cette note, on croirait pouvoir conclure des expériences physiologiques que les forces volontaires sont trop faibles pour jouer un autre rôle que celui de forces perturbatrices. Par suite, elles ne pourraient jamais modifier, d'une manière sensible, que des solutions presque instables. Cela ne nous semble pas prouvé ; car il est fort possible qu'elles échappent à l'observation tout en étant beaucoup plus grandes que les faibles forces atomiques appliquées aux mêmes systèmes. Mais admettons qu'il en soit ainsi. Ce qu'il conviendrait alors d'étudier comme première approximation, ce ne serait pas seulement les solutions *singulières*, ce serait plus généralement les solutions *instables* ; car, si toutes les solutions singulières sont instables, bien des solutions instables ne sont pas singulières. Il serait donc fort possible, dans l'hypothèse où nous voulons bien nous placer, que les solutions singulières ne pussent pas même servir de première approximation. De plus, l'exactitude rigoureuse que leur recherche paraît exiger dans les formules, ne semble pas les rendre bien propres à jouer ce rôle simplificateur. Enfin il n'est pas probable que jamais, ou du moins avant un avenir bien éloigné, les mouvements atomiques compliqués où interviennent, suivant nous, les forces volontaires, puissent être étudiés par les formules de la dynamique. Il nous semble donc que, si les deux théories se valent *pour le géomètre*, c'est qu'elles lui sont également inutiles.

Mais il n'en est plus de même au point de vue de l'explication rationnelle des phénomènes. Ici les deux théories contradictoires nous semblent différer autrement que par de *légères nuances, à peu près insaisissables*. Le lecteur va pouvoir en juger dans toute la suite de ce chapitre, où l'existence de forces volontaires servira de base à l'étude des mouvements musculaires et des sensations. Il verra pourquoi nous avons dû mettre cette existence hors de toute contestation, et comprendra qu'en réfutant la théorie de M. Boussinesq, la seule du reste qui fût vraiment digne d'une réfutation, nous avons un mobile plus élevé que l'envie de critiquer un savant géomètre pour lequel nous professons la plus haute estime. Dans cette question même, nous avons rendu un hommage mérité à la belle découverte qu'il a faite, et nous avons dû pour cela déposer un vieux préjugé, consacré par tous les traités de mécanique. Nous l'aurions volontiers suivi et accepté pour guide sur le terrain de la philosophie naturelle ; mais les raisons développées plus haut nous l'ont interdit. Nous ne partageons pas non plus la défiance que lui inspire « l'imperfection de nos moyens de connaître. » Loin de croire que les *nuances* dont il parle « ne correspondent peut-être à rien de réel hors de nous », nous espérons qu'un jour, bientôt peut-être, quelque habile physiologiste, suffisamment instruit des principes de la mécanique, mesurera au dynamomètre ces forces vitales dont on ne pourra plus alors contester l'existence. Cette entreprise ne nous paraît pas excéder la portée de la physiologie contemporaine. Celui qui le premier y réussira aura l'honneur, dans un siècle où la science a déjà moissonné tant de palmes, de lui conquérir la plus noble et la plus glorieuse. Il aura démontré, par des expériences purement et exclusivement scientifiques, par la seule étude des phénomènes matériels, l'existence d'agents supérieurs à la matière; fortifiant ainsi, s'il est possible, la conviction qu'en donnent à tous les hommes l'expérience du sens intime et les phénomènes intellectuels. Il aura chassé définitivement le matérialisme des laboratoires de la science, où ce condamné invoque aujourd'hui le droit d'asile.

Voyons maintenant comment ces forces volontaires se prêtent à l'explication des deux grandes classes de faits qui ont servi à démontrer leur existence : les mouvements musculaires et les sensations.

Dans cette carrière où nous ne comptons pas beaucoup de devanciers, nous nous garderons avec soin contre la tentation fort naturelle d'élargir notre champ par des excursions dans les domaines limitrophes de la physiologie et de la philosophie ; nous tâcherons de rester toujours dans le voisinage immédiat de la mécanique. Les phénomènes étant donnés, nous rechercherons de quelle manière les forces volontaires y développent leur action, à peu près comme on pourrait le faire pour les forces atomiques dans les phénomènes physico-chimiques. Nos prétentions seront d'ailleurs, et pour cause, extrêmement modestes. Toute explication détaillée et définitivement établie dépasse nos forces ; mais si parfois les traits généraux les plus essentiels peuvent être soupçonnés, nous croirons avoir fait œuvre utile. On nous permettra bien de risquer, lorsqu'il le faudra, quelques conjectures ; car il serait difficile d'avancer autrement ; mais à notre tour cette permission nous oblige à deux choses : suivre dans ces conjectures la direction que les faits semblent indiquer, et être prêt à les abandonner si les faits, mieux étudiés, viennent à ébranler leur probabilité.

Commençons par les mouvements musculaires; en nous bornant, bien entendu, à ceux que, de commun accord, on appelle volontaires ; en négligeant par conséquent les mouvements *réflexes*, qui n'ont pour cause déterminante qu'une impression extérieure réfléchie sur les muscles par le système nerveux, et les mouvements *automatiques* comme les contractions régulières du cœur. Mais en revanche notre mouvement musculaire doit comprendre, non seulement la contraction du muscle qui n'en est que la troisième et dernière période, mais encore les phénomènes nerveux et cérébraux qui précèdent et déterminent cette contraction. Celle-ci n'a rien, *en elle-même*, de volontaire : elle n'est qu'une suite nécessaire d'un phénomène volontaire antérieur, et une explication physico-chimique en a été donnée au chapitre VI, aussi satisfaisante que le permet l'état de la science. Bien plus, le phénomène nerveux, celui qui se passe dans la seconde période tout le long des fibres reliant le muscle au cerveau, est aussi dans le même sens un phénomène physico-chimique. Dans l'état normal, il suit *nécessairement* le phénomène cérébral; et l'on sait qu'il consiste dans la transmission d'un ébranlement propagé de proche en proche. Le temps requis pour cette transmission a été mesuré, et, contrairement à l'attente des expérimentateurs, la vitesse de propagation s'est trouvée relativement fort petite, 30 mètres par seconde. Cette faible vitesse suffirait déjà pour distinguer l'ébranlement nerveux du courant électrique avec lequel il a de grandes ressemblances et qui le remplace souvent dans les expériences du laboratoire ; il s'en distingue en outre par la nécessité où il est de s'alimenter en chemin ; car il se fait, dans le nerf qui fonctionne, des combustions analogues à celles qui s'opèrent dans le muscle. C'est bien un phénomène vital, mais analogue à ceux de la vie végétative ; toutes ses lois sont en elles-mêmes déterminées, et une fois commencé, il suit inévitablement son cours.

C'est donc uniquement dans la période cérébrale que nous devons rechercher le jeu des forces volontaires. Inutile de dire que nous ne pouvons le décrire d'une façon positive, puisqu'il n'a jamais été observé. On a pourtant tout lieu de croire que les points d'application de ces forces ne sont pas uniformément répandus dans le cerveau. On sait qu'il y a dans cet organe, comme dans d'autres parties du système nerveux, deux espèces principales d'éléments, savoir : les fibres qui forment ce qu'on appelle la substance blanche, et les cellules qui forment la substance grise. Or, l'étude de ces éléments, dans les régions de l'organisme où ils sont plus accessibles à l'observation et à l'expérience, permet de croire que, même à l'intérieur du cerveau, les fibres ne sont que de simples organes de transmission. Les cellules seraient donc seules à renfermer les atomes soumis directement aux forces volontaires ; encore est-il probable que bien des cellules ne remplissent à l'intérieur du crâne qu'un rôle semblable à celui d'autres cellules nerveuses situées au dehors, dans la moelle épinière, dans les ganglions etc., rôle qui paraît bien n'avoir rien de volontaire. Voici d'ailleurs la façon bien simple dont il semble que ces forces agissent pour déterminer les mouvements musculaires.

En s'appliquant à divers atomes d'une cellule, elles modifieraient la figure de celle-ci. De là un trouble, semblable à ceux que l'on cause en pinçant des éléments nerveux dans les expériences. L'ébranlement ainsi déterminé doit se communiquer aux éléments voisins. Si ces éléments sont d'autres cellules, il peut y être modifié, soit par une nouvelle action de forces volontaires, soit même simplement par l'action propre physico-chimique de ces petits organes. Il est probable que, avant d'arriver aux nerfs proprement dits, il doit circuler de cellule en cellule, en passant même par les fibres du cerveau, et y recevoir, par le concours de ces deux genres d'action cellulaire, l'élaboration définitive qui le rend propre à commander, en arrivant au muscle par les mille filaments du cordon nerveux, le mouvement précis que l'agent volontaire se propose. On ne peut malheureusement formuler là-dessus que des conjectures extrêmement vagues ; car jamais aucune étude expérimentale n'a été faite ; le cerveau vivant ne se prête pas aisément aux observations microscopiques, et son anatomie n'est pas de nature à faire deviner les fonctions par la forme et la disposition des organes. Il va sans dire que l'on n'a pas même une évaluation approximative des variations d'énergie que produit nécessairement l'action des forces volontaires ; quant aux combustions organiques dont on peut mesurer les produits, elles se rapportent à tant de fonctions diverses du cerveau, qu'on ne saurait y démêler la part de chacune ; et l'on ne saurait même dire si le travail cérébral qui détermine un mouvement musculaire, est notablement plus grand ou plus petit que le travail nerveux correspondant. On conçoit que, là où les faits sont si peu étudiés, la théorie ne puisse aller bien loin ; aussi ce que nous venons de risquer n'a pas la prétention de s'appeler une théorie. Et cependant cela soulève déjà deux difficultés que nous allons indiquer et essayer de résoudre.

La première se présente, pour ainsi dire, d'elle-même au nom de la conscience. — Vous analysez, nous dit-elle, le phénomène en trois périodes. La période cérébrale et la période nerveuse échappent à la connaissance, ou du moins ne peuvent être connues que théoriquement et grâce à des recherches difficiles à peine commencées. La troisième seule, la période musculaire, tombe sous le sens ; c'est la seule que l'on puisse connaître dans la pratique, et c'est aussi la seule qui soit voulue directement et formellement par l'agent volontaire. Or votre analyse la range dans la catégorie physico-chimique, et place l'exercice des forces volontaires exclusivement dans cette obscure première période à laquelle nul ne pense dans l'action et sur laquelle on ne peut encore, même théoriquement, formuler que de vagues conjectures. Il serait difficile de contredire plus exactement le témoignage de la conscience. Et pourtant, en pareille matière, la conscience n'est-elle pas un témoin irrécusable et même un juge sans appel ?

Sans doute ; mais il faut savoir interroger ce témoin, et surtout il ne faut pas mal interpréter le silence de ce juge Lorsqu'il s'agit de décider si tel ou tel phénomène appartient réellement au domaine de la volonté, n'oublions pas que, grâce aux multiples liaisons des effets et des causes, ce domaine couvre souvent une vaste étendue, dont la conscience ne nous signale nettement que tel ou tel point culminant ; elle est obscure ou presque uniquement *en puissance* pour le reste, parce que l'attention, beaucoup plus restreinte que la volonté, ne peut se fixer en même temps sur un grand nombre d'objets. Chacune de nos actions peut nous en fournir la preuve. Je remue actuellement la main et les doigts pour écrire ; tout à l'heure j'écrivais, mais je ne songeais pas à ces mouvements ; maintenant que j'y songe, est-ce que ma conscience les embrasse tout entiers ? est-ce qu'elle s'occupe de tous les muscles qui se tendent et se détendent ? Dira-t-on pour cela que ces déformations des muscles sont involontaires ? Souvent la conscience, uniquement préoccupée du but que l'on poursuit, oublie tous les moyens matériels que l'on met en œuvre. Le lecteur qui, en parcourant mon article, surveille mon argumentation, songe-t-il aux mouvements de ses yeux sur la page ? Dans une discussion animée, vous pensez à convaincre ; mais songez-vous que pour cela vous remuez les lèvres et la langue ? Faut-il, parce que la conscience ignore ces mouvements des yeux et de la bouche, les rayer de la catégorie des mouvements volontaires ? Évidemment non ; car la conscience elle-même, si on l'interrogeait, se hâterait de protester.

De même, lorsqu'elle parle, il faut bien se garder d'étendre son témoignage. Elle dit que la contraction musculaire, ou plutôt le mouvement du corps qui en résulte, sont formellement liés au phénomène de la volition ; mais cela ne s'oppose ni à l'existence, ni même à l'indispensable nécessité de phénomènes intermédiaires. Elle nous laisse donc le droit de reconnaître un phénomène matériel antérieur à la contraction, que celle-ci suit nécessairement ; le droit de dire par conséquent que, considérée *en elle-même*, abstraction faite de ce phénomène antérieur, la contraction n'est, comme chacun des effets qu'elle peut produire, qu'un phénomène physico-chimique. Cela ne l'empêche pas d'être, à un autre point de vue, un phénomène volontaire ; et par conséquent ne contredit pas le témoignage de la conscience.

Soit, dira-t-on, ces remarques éclaircissent la situation et atténuent la difficulté ; admettons donc que je puisse vouloir presque à mon insu ; mais comment admettre que je puisse vouloir et exécuter des actions extrêmement compliquées et précises dont j'ignore le détail ?

Pour mieux répondre, nous demandons à diviser l'objection. Et d'abord, rien ne nous est plus ordinaire que de vouloir et d'exécuter des actions extrêmement compliquées et précises *sans songer* aux détails. Chaque jour, nous marchons, nous parlons, nous écrivons, sans nous douter de la multiplicité et de l'exactitude des mouvements que nous produisons ainsi. Et pourtant ces mouvements sont parfaitement volontaires. Les doigts du pianiste, les doigts et les lèvres du flûtiste nous fournissent des exemples tout aussi concluants, mais plus frappants peut-être parce qu'ils sont moins communs. Dans tous ces cas, la difficulté qui résulte naturellement de la complication est levée par ce qu'on appelle l'*habitude*. Tout acte fréquemment répété se reproduit plus aisément, et cela pour deux raisons distinctes : d'abord parce que l'organisme se transforme peu à peu, par la répétition, de façon à se prêter de mieux en mieux à l'emploi qu'on en fait ; ensuite parce que l'agent volontaire qui actionne cet organisme est doué d'une mémoire qui lui permet d'acquérir de l'expérience. Ces deux principes, bases de l'éducation individuelle, suffisent déjà pour rendre raison des faits surprenants, mais indéniables, que nous venons d'alléguer. Il en est un troisième qu'il ne faut pas négliger, surtout quand il s'agit, non de l'homme, mais des animaux : c'est l'hérédité, qui transmet d'individu à individu une partie de l'éducation, l'appropriation de l'organisme. Inutile d'en montrer ici l'influence; ce qui précède prouve suffisamment que la complication ne constitue pas un obstacle à l'exécution, même plus ou moins distraite, de mouvements volontaires.

Mais la complication n'était que la moitié de la difficulté. Il nous reste à dire comment l'on peut appliquer les forces volontaires tout en ignorant les détails de cette opération. Les exemples précédents ne le montrent pas; car, bien qu'on n'y songe pas, les détails ne sont pas ignorés et nécessairement soustraits à la conscience; et même, si l'on a pu acquérir l'habitude, c'est, du moins pour le langage, l'écriture et le jeu des instruments, parce que ces détails ont été individuellement connus et étudiés. C'est à force d'appliquer l'attention séparément à chaque partie, qu'on est arrivé à exécuter le tout sans attention. Ici, au contraire, l'ignorance est parfaite, l'exercice ne peut être guidé par la théorie; l'appropriation, la mémoire, l'hérédité ne suffisent plus ; mais il est un quatrième principe du fonctionnement des organismes, dont nous n'avons encore rien dit, quoiqu'il ait une grande importance dans l'éducation : c'est le tâtonnement ou, si l'on veut, la méthode des approximations successives. L'agent volontaire l'applique chaque fois que, voyant nettement le but, il ne voit pas ou voit mal les moyens. Il essaye, d'abord un peu au hasard ; puis, par une sélection intelligente, il renouvelle ses tentatives en écartant les moyens que l'expérience précédente a condamnés, et en modifiant les autres d'après ses indications. Il n'a pas besoin pour cela de connaître ce que ces moyens sont en eux-mêmes, il suffit qu'il sache les distinguer les uns des autres. Voyez, par exemple, la série d'efforts, d'abord maladroits, puis de plus en plus heureux, par lesquels l'homme apprend à nager. Ce n'est pas une théorie connue d'avance qui lui enseigne ce qu'il faut faire ; car peu de nageurs seraient capables d'expliquer la natation par les principes de la mécanique. Ce n'est pas même la vue des mouvements opérés par d'autres nageurs, ou du moins, on le sait assez, cette vue ne lui fournit qu'une approximation fort insuffisante. Il faut qu'il tâtonne assez longtemps, et quand enfin il a réussi, quand il sait faire ce qu'il faut, il ne sait pas bien exactement tout ce qu'il fait. Les mouvements de ses bras lui sont assez connus parce qu'il peut les suivre de l'œil ; mais s'il veut connaître telles ou telles particularités des mouvements de ses jambes, il doit interroger un spectateur ; et cependant il sait parfaitement distinguer sans le secours de personne, même pour ces membres qu'il ne voit pas, les mouvements utiles et les mouvement nuisibles. C'est, croyons-nous, par ce procédé de tâtonnement, forcément essayé dès l'enfance, que l'on apprend à exécuter tous les mouvements cérébraux. Au commencement l'action volontaire se pose à peu près au hasard, elle se corrige ensuite peu à peu par l'expérience, et, grâce à la mémoire que l'on garde de ses actions et de leurs résultats, on apprend à distinguer les uns des autres, sans pourtant les connaître en eux-mêmes, les divers efforts qu'il faut faire pour obtenir les divers résultats. L'éducation doit être longue, par un pareil procédé, mais on sait assez que l'enfance dure longtemps et que les jeunes enfants sont fort maladroits. Il est d'ailleurs permis d'admettre que l'organisme renferme des dispositions qui abrègent les premières tentatives en facilitant les plus utiles et que l'hérédité, surtout chez les animaux, vient ici au secours de l'éducation.

C'est par ces arguments de fait que nous répondons à la première difficulté. Ils deviendraient probablement plus précis si nous connaissions, au moins théoriquement, ce qui se passe dans le cerveau ; mais, malgré la vague indétermination qui flotte autour de la thèse, ils nous paraissent tout à fait satisfaisants.

La seconde difficulté est plus scientifique, et n'est pas aussi embarrassante. Supposons qu'on nous dise : Si ce que vous appelez des forces volontaires sont des forces mécaniques, d'où vient qu'elles *se fatiguent* ? La fatigue est un phénomène si commun dans la vie qu'il semble n'avoir pas besoin d'explication ; mais il ne se présente que dans les actions vitales, il faut l'expliquer, si vous introduisez la mécanique dans ce nouveau domaine. Les véritables forces mécaniques, observées dans la nature inorganique, ne s'épuisent pas, ne s'affaiblissent pas par l'exercice. Le soleil ne se fatigue pas d'attirer la terre, la terre ne se repose jamais, elle attire toujours les corps pesants avec la même puissance. Pourquoi l'agent volontaire est-il soumis à une autre loi ? Est-ce que sa faculté de connaître gêne sa faculté d'agir sur les atomes ? Est-ce pour cette raison qu'il ne peut réparer celle-ci, sans renoncer momentanément à celle-là ?

Non, l'explication de la fatigue est beaucoup moins mystérieuse ; elle se comprend aisément, et nous pouvons la donner ici en peu de mots. Nous aurons ainsi l'avantage, non seulement de répondre à la difficulté, mais aussi d'éclairer ce phénomène important, qui jettera ensuite un grand jour sur les problèmes de la sensation. Remarquons d'abord qu'il n'est pas exact que la fatigue apparaît uniquement parmi les phénomènes vitaux. Toute machine un peu compliquée se fatigue. Une locomotive, par exemple, ne doit pas seulement renouveler sa provision d'eau et de charbon, ce qui peut se comparer au besoin de nourriture; elle doit aussi subir des réparations et des nettoyages fréquents ; il faut resserrer une vis ou un écrou, remplacer un tuyau ou un robinet, enlever les incrustations, réparer en un mot tous les petits désordres que le fonctionnement introduit sans cesse ; sinon le fonctionnement ultérieur sera défectueux, et les mêmes forces ne suffiront plus à la faire marcher comme auparavant. La fatigue, dans les organismes vivants, n'est pas autre chose. Il s'y produit dans l'action une foule de désorganisations partielles qu'il faut réparer, il s'y loge, grâce aux combustions organiques, une quantité de résidus qu'il faut éliminer ; car les uns et les autres gênent le fonctionnement en multipliant les obstacles. Le repos permet aux actions végétatives de refaire les organes endommagés et d'enlever les matières étrangères. La fatigue n'est donc pas une diminution de la puissance, c'est une simple augmentation de la résistance. Elle ne tient pas à la nature des forces qui agissent, mais à la complication de l'organisme qui fonctionne. Elle n'est donc pas une objection contre l'admission des forces volontaires dans la catégorie des forces mécaniques.

L'étude physiologique des sensations a été poussée plus loin que celle des mouvements musculaires; aussi en essayant d'indiquer le rôle qu'y remplissent les forces volontaires, nous devons nous préoccuper de l'ordre à suivre pour éviter la confusion. Voici le plan que nous adoptons : Exposer d'abord les traits généraux les plus essentiels, permettant de se former une sorte de théorie ; reprendre ensuite quelques points spéciaux, dont les développements pourraient gêner l'ensemble.

Nous distinguons trois choses dans la sensation : l'excitation extérieure, l'attention et la connaissance.

L'*excitation* est l'action des phénomènes extérieurs sur les extrémités nerveuses de ce qu'on appelle la périphérie. Il y a de ces extrémités nerveuses sur toute la peau, sur les muqueuses de la bouche et du nez, dans les parties osseuses de l'oreille et au fond du globe de l'œil. Beaucoup de phénomènes extérieurs y déterminent la naissance d'un ébranlement, qui se propage ensuite, avec une vitesse de 30 mètres par seconde, tout le long du cordon nerveux jusqu'au cerveau en passant, s'il le faut, par la moelle épinière. C'est donc une marche inverse de celle qui précède les contractions musculaires ; mais elle ne se fait pas sur les mêmes nerfs. Des physiologistes distingués croient que cet ébranlement n'admet que des variations d'intensité ; il aurait la même nature sur tous les nerfs qu'il parcourt, quoiqu'il doive, suivant les cas, aboutir à une sensation de lumière, de son, d'odeur, etc. Cette opinion, qui n'est pas démontrée, est cependant très probable, et l'on verra bientôt qu'elle se prête fort bien à l'explication des faits.

Tant que l'excitation parcourt les nerfs sous forme d'ébranlement, elle échappe complètement à la connaissance de l'agent volontaire ; ce n'est qu'en arrivant au cerveau qu'elle entre dans son domaine ; encore faut-il que la volonté lui applique alors ce que, sans rien préjuger, on peut bien considérer comme une sorte de réaction. C'est cette réaction que l'on appelle l'*attention*.

L'attention est un phénomène composé d'une partie réellement mécanique et d'une partie purement psychologique. C'est dans la première que s'appliquent les forces volontaires. Plusieurs expériences permettent de l'affirmer ; nous n'en citerons qu'une, tout à fait concluante, qui a l'avantage de pouvoir être aisément répétée par tout le monde, sans le secours d'aucun appareil spécial. Choisissez une heure et une chambre où le silence ne risque pas d'être troublé par les bruits du dehors ; suspendez votre montre à l'un des murs, et reculez ensuite jusqu'à une distance où le tic tac n'est plus que très difficilement perceptible. Prêtez attentivement l'oreille à ce tic tac. Au bout de quelques instants vous remarquerez que son intensité baisse, et bientôt après vous ne l'entendrez plus. Puis vous l'entendrez de nouveau pendant quelque temps, et ensuite il s'éteindra une seconde fois, et ainsi de suite. Vous pourriez croire que ces alternatives sont causées par des variations dans l'intensité objective du bruit ; mais il suffit de vous adjoindre un second observateur pour vous convaincre qu'il n'en est rien. Celui-ci en effet aura aussi ses intervalles de silence apparent, mais ils ne coïncideront pas avec les vôtres. Il ne s'agit donc pas de silence, mais plutôt de surdité ; vous vous trouvez, par le fait de l'attention excessive, frappé d'insensibilité intermittente. Tel est le fait d'expérience ; quelle en est l'explication ? On sait que parfois l'on n'entend pas des bruits très faibles, uniquement parce qu'on n'y prête pas attention; quand on le veut, ces bruits deviennent perceptibles ; mais ici rien de semblable, car la conscience témoigne que votre attention est continue et ne se relâche point. La seule raison que l'on puisse assigner, c'est la fatigue résultant de cette attention, fatigue dont la conscience témoigne également. Or, la fatigue n'est, comme nous l'avons dit, qu'une détérioration temporaire de l'organe, causée par un fonctionnement excessif, c'est-à-dire, par une application exagérée des forces qui l'actionnent. Évidemment, dans le cas actuel, cette exagération ne peut être imputée à l'excitation extérieure, puisque le tic tac peut à peine ébranler votre nerf acoustique. On ne peut pas non plus en accuser les forces physico-chimiques de l'organisme, que rien dans cette expérience ne paraît devoir troubler. Il ne reste donc qu'à l'attribuer aux forces volontaires que vous appliquez pendant le phénomène de l'attention. Le tic tac ébranle faiblement le nerf et, bientôt après, quelques cellules du cerveau. Vous intervenez alors en appliquant aux cellules ébranlées des forces volontaires probablement fort supérieures à celles qu'y applique l'ébranlement ; le travail qui en résulte finit par *fatiguer* quelque peu ces cellules, c'est-à-dire, par augmenter leur résistance à l'ébranlement. En conséquence elles cessent de fonctionner et *se reposent*, c'est-à-dire, se débarrassent des obstacles qui arrêtaient leur fonctionnement, et par là même la sensibilité reparaît. Cette explication manque sans doute de précision, parce que nous ignorons complètement les détails de ces phénomènes mécaniques ; mais nous ne pensons pas que l'expérience décrite plus haut admette une autre interprétation. Il s'ensuit donc que les forces volontaires jouent leur rôle dans la sensation comme dans les mouvements musculaires.

L'attention se compose en outre d'un élément purement psychologique, distinct de l'intervention indispensable de la volonté dans l'application des forces volontaires, distinct de la conscience que nous avons de nos actes. Elle est inséparablement unie au jugement que nous portons, à la connaissance que nous acquérons du phénomène excitateur. La preuve en est dans les conditions qui seules nous permettent de prêter attention simultanément à plusieurs excitations différentes.

On connaît le proverbe : *Pluribus intentus minor est ad singula sensus*. On sait assez que l'attention s'affaiblit en se divisant, que souvent même la division est impossible. Si, par exemple, vous regardez dans un stéréoscope, à droite la photographie d'un monument, à gauche un fragment d'une page imprimée, malgré la longue habitude que vous avez acquise de prêter attention en même temps aux excitations reçues dans les deux yeux, il vous sera impossible de bien voir simultanément les deux objets ; quand vous voudrez lire les caractères, le monument disparaîtra ; quand vous voudrez reconnaître la forme du monument, les caractères s'effaceront. L'une des deux sensations s'évanouit, malgré la persévérance de l'excitation, parce que l'attention lui fait défaut. La seule condition qui permette de partager l'attention sans la détruire au moins en partie, est que les diverses excitations simultanées puissent être toutes rapportées à un même objet de connaissance. Ainsi l'accompagnateur suit en même temps les notes écrites sur le papier, les mouvements de ses dix doigts sur le clavier, les sons du piano et la voix du chanteur. Tout cela, malgré la diversité des organes intéressés, forme un objet unique pour sa connaissance ; mais si, pendant qu'il joue, on chante auprès de lui un autre morceau, le chant ne sera pas entendu ou son jeu sera compromis. Et pourtant les conditions imposées aux forces volontaires, comme aux forces atomiques, semblent bien identiques dans les deux cas. Ce n'est donc pas dans le phénomène matériel, c'est dans la connaissance que l'attention trouve l'unité sans laquelle elle ne peut se soutenir. Elle renferme donc, outre un élément à la fois matériel et volontaire, un autre élément purement psychologique, essentiellement lié à la faculté de connaître.

La *connaissance* des phénomènes extérieurs, résultat de l'attention jointe à l'excitation, s'explique aisément, dans cette théorie, par la connaissance que l'agent volontaire a naturellement de ses propres actions. En effet, dans l'attention, nous n'appliquons pas nos forces volontaires à des atomes libres de toute autre influence, mais à des atomes que les phénomènes extérieurs viennent ébranler, qui se prêtent à notre action avec plus ou moins de facilité, qui la secondent ou lui résistent, suivant la distribution et l'intensité de ces ébranlements. Il s'ensuit que nous varions nos efforts suivant ces concours et ces résistances, c'est-à-dire, suivant les phénomènes extérieurs, et par là même nous obtenons la connaissance de ceux-ci puisque nos efforts nous sont naturellement connus. Nous ne voulons pas insister sur la portée philosophique de cette explication si simple, ni demander ce que le recours aux solutions singulières pourrait lui substituer. Nous rappellerons seulement qu'elle dégage suffisamment une promesse faite plus haut, au chapitre III [1], dans l'exposition de la théorie atomique.

Mais, en revanche, cette théorie n'est-elle pas trop simple pour rendre compte de la grande variété de nos sensations? A quoi pourrait-elle, en particulier, attribuer ces impressions *sui generis* que nous traduisons dans le langage par les mots : couleurs, sons, goûts, odeurs, etc., surtout si, ce qui est fort probable, tous les ébranlements qui parcourent les nerfs sont de même nature et n'admettent que des différences d'intensité?

Il nous semble qu'elle a deux moyens d'expliquer cette diversité. D'abord l'expérience a montré que chaque nerf sensitif détermine toujours le même genre de sensation, quelle que soit la manière dont il est excité. Le nerf optique, par exemple, cause toujours une sensation lumineuse, qu'on l'excite par la lumière, par un courant électrique, par un choc, ou même par une simple pression. Il suffirait donc, pour distinguer les unes des autres les classes de sensations, que les classes correspondantes de nerfs aboutissent à des régions distinctes dans le cerveau. L'agent

[1] T. Ier, p. 192.

volontaire aurait dans cette distribution tout ce qu'il faut pour ne jamais confondre l'une avec l'autre. Mais de plus, il est aussi probable que les fibres nerveuses ne viennent pas toutes aboutir, dans le cerveau, à des appareils cellulaires uniformes. La diversité de ces appareils, les particularités qu'ils imposeraient aux forces volontaires dans l'attention, expliqueraient probablement les différences d'impressions constatées par la conscience.

Il nous reste à combler quelques lacunes de l'exposition qui précède. La plus importante est la question de la liberté de l'agent dans l'exercice de ses forces volontaires. Pour la production du mouvement musculaire, la conscience semble bien dire que la liberté est entière ; en ce sens que l'agent n'est jamais forcé de les exercer, et qu'il peut le faire à tel moment et dans telle mesure qu'il lui plaît. La seule restriction serait que l'intensité de ces forces est limitée ; car l'énergie extraordinaire que, dans certains moments d'exaltation mentale, elles parviennent à dégager, semble bien indiquer que leur limite ordinaire ne tient pas à une incapacité de l'organisme. Mais pour la sensation la liberté n'est plus la même. Toute excitation un peu vive s'impose à l'attention, témoin les sensations douloureuses ; et par conséquent l'exercice des forces volontaires n'est plus complètement libre. Dans d'autres cas, au contraire, nous supprimons arbitrairement des sensations, en fixant notre attention sur d'autres phénomènes. Essayons d'apercevoir les limites de la liberté et la raison mécanique de leur existence.

Pour fonctionner régulièrement, l'organisme doit être maintenu dans certaines conditions que la physiologie et la pathologie parviennent à déterminer plus ou moins bien, mais dont elles mettent du moins l'existence hors de doute. Le cerveau, dont le rôle est si délicat et si compliqué, est plus que tout autre organe soumis à cette loi. Les phénomènes extérieurs qui viennent y retentir, y produisent des altérations, mais ne le mettent pas nécessairement hors des conditions de bon fonctionnement. Comme tout organe utile, il possède une certaine élasticité ; et l'on peut concevoir deux états limites entre lesquels il oscillerait sans inconvénient, mais dont il ne pourrait sortir sans devenir plus ou moins incapable de faire son service. Ces deux limites seraient en même temps, croyons-nous, celles que la nature impose à notre liberté. Elle nous obligerait à réagir contre toute excitation extérieure tendant à les franchir, elle nous laisserait libres dans les autres cas. Loi conservatrice à laquelle nous nous soumettons volontiers et naturellement, malgré la restriction qu'elle apporte à notre liberté, et qui, par conséquent, n'empêche pas nos actions d'être volontaires.

Telle serait l'explication des cas où l'attention nous est physiquement imposée. Pour les excitations modérées qui n'atteignent pas les limites, il n'en est plus de même, et chacun sait que souvent l'attention ne s'applique pas, puisque les excitations nous échappent complètement. Mais il faut signaler un fait important, qui explique la facilité avec laquelle nous pouvons souvent transférer l'attention parfaitement consciente d'un objet à un autre. C'est une sorte d'attention générale, très faible, dont nous n'avons qu'une conscience obscure, et que nous appliquons simultanément à la plupart des excitations modérées qui nous arrivent sans cesse. Nous pouvons le reconnaître en détail chaque fois que nous réfléchissons à un déplacement d'attention produit en nous sans cause extérieure apparente. Parfois aussi nous en sommes avertis par une sorte de soubresaut, lorsqu'une excitation continue, uniforme, qui était pour nous comme non avenue, vient à cesser brusquement. Nous figurons-nous, par exemple, l'effet que produirait sur nous le remplacement instantané du bourdonnement diurne d'une grande ville par le silence nocturne de la campagne ? Je me rappellerai toujours l'impression sinistre que me causa un jour ce phénomène. C'était le 16 mars 1869, à 3 h. 40 après midi ; 28 kilogrammes de picrate de potasse venaient d'éclater près de la Sorbonne, ébranlant tout un quartier de Paris. A la distance de 600 mètres où je me trouvais alors dans ma chambre, fenêtres ouvertes, la détonation, interceptée par les maisons, ne me parut pas bien forte, et il me sembla que les passants ne l'avaient guère remarquée. Mais dans l'aire assez étendue où elle faisait de nombreuses victimes, où elle brisait toutes les vitres, où elle semait l'épouvante, elle dut arrêter presque aussitôt, et pour cinq ou six secondes, toutes les conversations, tous les cris, tous les bruits de voitures ; et, aux confins de cette aire, bien que la détonation affaiblie m'eût laissé parfaitement calme, la soudaine cessation d'un bourdonnement qui ne me frappait pas, dont j'ignorais l'existence, me fit immédiatement participer à l'effroi général. Ce bourdonnement n'était donc pas entièrement perdu pour moi, sinon sa suppression m'eût laissé indifférent ; j'y prêtais donc une certaine attention, très faible, presque inconsciente, mais nécessairement réelle.

L'attention générale se compose sans doute, elle aussi, des deux éléments, mécanique et psychologique, signalés plus haut. Nous croyons apercevoir un témoignage du premier dans l'illusion suivante : vous lisez attentivement auprès d'une pendule dont le balancier bat fortement la seconde : au bout de quelque temps vous n'entendrez plus ce bruit ; mais supposez qu'il vienne à s'arrêter, non seulement vous le saurez aussitôt, mais vous ne manquerez pas de croire que vous veniez précisément de faire attention aux trois ou quatre derniers battements. Cette illusion n'est-elle pas un effet naturel de la secousse mécanique que vous éprouvez en prolongeant quelques instants de trop l'action de vos forces volontaires, secousse qui vous fait croire à une application aussi forte que pour une attention parfaitement consciente ? Quant à l'élément psychologique, nous en voyons les preuves dans des faits comme celui-ci : vous lisez un journal en pensant fortement à tout autre chose, vous pouvez ainsi lire une colonne entière sans qu'il vous soit possible de dire ensuite de quoi il s'agissait ; mais supposez que, dans une de ces lignes que vous parcourez, votre propre nom vienne à frapper votre œil, à l'instant même la distraction cesse, et l'attention consciente reparaît. Impossible d'attribuer cet effet à l'excitation extérieure ou à la réaction mécanique des forces volontaires; c'est évidemment à la pensée seule, à la connaissance qu'on peut en demander l'explication. Elle intervient donc aussi comme élément dans l'attention générale. L'un et l'autre élément peuvent d'ailleurs s'affaiblir ou même disparaître dans certains états de l'organisme, tels que le sommeil, l'anesthésie, l'extase, etc.

Nous n'avons rien dit jusqu'ici d'un fait, observé et plus ou moins étudié depuis longtemps, mais dont la loi n'a été généralisée et bien reconnue que depuis quelques années. Les excitations ont une limite inférieure d'intensité au-dessous de laquelle, malgré toute l'attention possible, on ne peut les sentir. De plus, pour qu'une différence d'intensité entre deux excitations semblables devienne perceptible, cette différence doit être proportionnellement d'autant plus grande que les excitations elles-mêmes sont plus intenses. En langage mathématique, on dit que la sensation est proportionnelle au logarithme de l'excitation. Nous n'avons pas ici à critiquer cette loi ; mais nous devons montrer qu'elle se concilie aisément avec la théorie exposée plus haut. Or que dit-elle, sinon que les ébranlements venus de l'extérieur rencontrent toujours dans le cerveau une certaine résistance passive, et que cette résistance croît proportionnellement à l'excitation ? Eh bien ! ce que nous avons dit plus haut de la *fatigue* nous préparait à ce résultat. La fatigue, en effet, au point de vue de l'application des forces mécaniques, n'est autre chose qu'une résistance passive, créée dans l'organe par l'action même de ces forces. Dès lors il est naturel qu'il y en ait toujours une certaine quantité, produite par l'ensemble des faibles excitations auxquelles le cerveau est continuellement soumis, et que, dans chaque région, elle croisse proportionnellement à la cause qui l'engendre. Il s'ensuit que les forces volontaires de l'attention ne sont pas exactement mesurées par les excitations mêmes ; l'exactitude est troublée par l'appoint que les résistances passives apportent suivant les cas aux unes ou aux autres.

Peut-on de même entrevoir la raison mécanique de la différence entre les sensations agréables et les sensations pénibles ? On serait bien porté à croire que les premières doivent correspondre aux excitations qui, en somme, viennent en aide aux forces volontaires, les secondes à celles qui leur résistent. Citons quelques faits qui paraissent appuyer cette conjecture : L'habitude finit souvent par rendre agréables des excitations qui, d'abord, étaient tout le contraire, mais aussi le propre de l'habitude est de diminuer les obstacles et de faciliter l'action des forces appliquées à l'organisme ; la fatigue, quand elle se fait sentir, est toujours pénible, c'est aussi toujours une résistance ; toute excitation excessive est pénible, mais aussi en supprimant, comme nous l'avons dit, la liberté de l'attention, elle entre nécessairement en conflit avec les forces volontaires.

Sans doute, ces arguments ne sont pas bien serrés, et la thèse elle-même est bien vague ; mais il n'en saurait être autrement dans une théorie mécanique qui ne se compose encore que de généralités, à laquelle l'expérience n'a encore fourni aucune loi spéciale, et pour laquelle l'observation n'a encore mesuré aucune grandeur. Sortira-t-elle bientôt de cette période embryonnaire ? Nous le souhaitons, sans oser l'espérer.

CHAPITRE VIII.

LA DIFFÉRENCE ESSENTIELLE ENTRE L'HOMME ET LES ANIMAUX.

SOMMAIRE. — Les caractères organiques, malgré leurs rapports avec la différence essentielle, sont insuffisants pour la constituer. — La différence fondamentale se trouve dans la faculté de connaître. Méthode générale de comparaison. — Langage animal et langage humain. — Perfectibilité. — Morale et Religion. — Conclusion : L'homme possède des facultés *sui generis* dont il n'y a pas de trace dans l'animal.

Nous avons étudié dans les deux chapitres précédents les forces volontaires qui, malgré les nombreuses ressemblances entre le végétal et l'animal, établissent entre eux une différence si évidemment essentielle que l'on est forcé de les ranger dans deux *règnes* distincts. En revanche, elles constituent une ressemblance entre l'animal et l'homme ; et nous devons maintenant nous occuper de ce qui différencie ces deux êtres.

Un savant bien connu de nos lecteurs, M. l'abbé Hamard, a déjà traité ce sujet dans la *Revue des questions scientifiques* [1]. Il l'a embrassé tout entier et, comparant d'abord l'organisme de l'homme à ceux des animaux les plus rapprochés de lui, il a surtout signalé comme propres à l'homme les six caractères suivants : 1° l'attitude verticale ; 2° l'existence de deux mains seulement ; 3° la forme du système dentaire ; 4° la nudité partielle de la peau ; 5° la structure de l'encéphale ; 6° la conformation générale de la tête. Mais après avoir étudié ces différences organiques, il n'hésite pas à déclarer que, « loin de pouvoir constituer un *règne*, elles sont à peine assez marquées pour caractériser un *ordre*, à plus forte raison une *classe* ou un *embranchement*, dans la série animale. » Tous les naturalistes sont là-dessus du même avis. Pour nous, qui n'avons en vue que la *différence essentielle*, nous n'hésitons pas à reconnaître, avant même de bien préciser le sens de ces deux mots, que les six caractères énumérés ne peuvent nous la fournir.

Et cependant plusieurs de ces caractères, notamment le premier, le cinquième et le sixième, sans constituer par eux-mêmes la différence essentielle, en sont comme le reflet et semblent en porter l'empreinte. C'est ce qui, de tout temps,

---

[1] La place de l'homme dans la création. Juillet 1878.

leur a valu l'attention des philosophes. Citons à ce propos trois passages bien remarquables, extraits d'un même article de la *Somme* de saint Thomas d'Aquin [1].

Voici d'abord l'une des raisons de l'attitude verticale données par ce grand homme : « Afin que les *forces intérieures* soient plus *libres* dans leurs opérations ; *le cerveau où*, d'une certaine façon, *celles-ci s'accomplissent*, n'étant pas déprimé, mais élevé au-dessus de toutes les parties du corps. — Ut interiores vires liberius suas operationes habeant ; dum cerebrum, in quo quodammodo perficiuntur, non est depressum, sed super omnes partes corporis elevatum. » On va voir, dans le second passage, pourquoi les forces intérieures du cerveau doivent être plus libres dans l'homme que dans les animaux ; et la suite de cet article montrera que cela tient précisément à la différence essentielle ; mais avant de transcrire ce second passage, nous ne pouvons résister à l'envie d'attirer l'attention sur les mots que nous avons soulignés dans le premier. Ils semblent résumer parfaitement la théorie développée aux chapitres précédents sur les forces volontaires qui, appliquées par nous librement aux divers

---

[1] Première partie, question 91, article 3.

points du cerveau, doivent rendre compte des mouvements musculaires et des sensations. Mais gardons-nous d'exagérer ; n'oublions pas qu'au xiii⁰ siècle la dynamique et la physiologie étaient encore à naître ; et que l'on ne pouvait alors attacher aux termes de cette remarquable proposition le sens précis que nous leur donnons aujourd'hui.

Le second passage est relatif à la structure de l'encéphale. « Entre tous les animaux, l'homme devait avoir, relativement à son corps, le plus grand cerveau… pour y accomplir plus librement les opérations sensitives, lesquelles sont nécessaires pour l'opération de l'intelligence.— Necessarium fuit quod homo inter omnia animalia respectu sui corporis haberet maximum cerebrum… ut liberius in eoperficerentur operationes interiorum virium sensitivarum, quæ sunt necessariæ ad intellectus operationem. » On voit ici que la structure de l'encéphale est mise en rapport avec l'opération intellectuelle, c'est-à-dire, comme nous le verrons plus loin, avec ce qui différencie essentiellement l'homme de l'animal.

On fera la même remarque sur le troisième passage, où saint Thomas s'occupe du sixième caractère, de la conformation générale de la tête : « Si l'attitude de l'homme était horizontale, si ses mains lui servaient comme pieds de devant, c'est avec la bouche qu'il devrait saisir sa nourriture. Il aurait donc un museau allongé, des lèvres dures et grossières, et une langue également dure, pour échapper aux lésions extérieures, comme on le voit dans les autres animaux ; et une telle disposition empêcherait absolument le langage qui est une œuvre propre de la raison. — Si haberet pronam staturam et uteretur manibus loco anteriorum pedum, oporteret quod cibum caperet ore ; et ita haberet os oblongum, et labia dura et grossa, et linguam etiam duram, ne ab exterioribus læderetur, sicut patet in aliis animalibus : et talis dispositio impediret locutionem, quæ est proprium opus rationis. » Nous n'insisterons pas davantage sur ces caractères de l'organisme humain ; car, malgré leurs rapports évidents avec la différence essentielle que nous voulons étudier, on voit aisément que, considérés en eux-mêmes, ils ne peuvent constituer cette différence. En effet, si l'on passe en revue la série animale, on y aperçoit aussitôt de nombreux groupes qui se distinguent des autres par des caractères organiques encore plus tranchés ; et l'on n'est pas obligé pour cela de chercher aux extrémités de la série. On devrait donc reconnaître tous ces groupes comme essentiellement différents de l'ensemble, si les raisons organiques suffisaient à isoler ainsi le groupe humain.

Des raisons de cet ordre ne sont pas même suffisantes pour différencier exactement l'animal du végétal. Dans la belle étude qu'il a publiée sur *Les caractères distinctifs de l'animalité* [1], M. Hamard a parfaitement établi cette conclusion : « Ce serait en vain, dit-il, que l'on s'appuierait sur des manifestations vitales appelées fonctions de la vie organique pour différencier les deux règnes. Non seulement ces diverses fonctions se retrouvent chez l'un et l'autre, mais elles s'y exercent dans des conditions analogues et le plus souvent de la même manière... Il n'y a de fonctions véritablement caractéristiques de l'animalité que celles qui se rapportent à la faculté de sentir. Caractérisée par le mouvement volontaire reconnaissable lui-même à son irrégularité et à son intermittence, la sensibilité existe chez tous les animaux et n'existe que chez eux. »

On conviendra sans peine que nous étions parfaitement d'accord avec cette conclusion de M. Hamard, quand aux forces *nécessaires*, causes de tous les phénomènes végétatifs, nous opposions les forces *volontaires* qui se révèlent dans les phénomènes de sensation et de mouvement propres aux animaux. On reconnaîtra aussi aisément que

---

[1] *Revue des questions scientifiques*, janvier 1878.

nos chapitres vi et vii, publiés après son travail, ne font pas double emploi. Tandis qu'il s'occupe surtout de la classification des êtres, nous poursuivons uniquement l'analyse de leurs facultés ; il compare les caractères observés, nous essayons d'apercevoir les phénomènes élémentaires ; il s'appuie sur les découvertes des naturalistes, nous invoquons presque uniquement les principes de la dynamique et les travaux des mathématiciens. Au chapitre vi nous posions et cherchions à résoudre les deux questions suivantes : « Y a-t-il dans les phénomènes vitaux d'autres actions matérielles que les actions atomiques étudiées jusqu'ici ; et par suite nous révèlent-ils l'existence de nouveaux agents ? Quelle nature, quelle puissance active particulière faudrait-il reconnaître à ces nouveaux agents, à ces nouvelles causes substantielles ? » Au chapitre vii nous complétions la démonstration de l'existence des forces mécaniques volontaires, et nous indiquions comment elles se prêtent à l'explication des mouvements musculaires et des sensations dans l'homme et les animaux. Une pareille marche ne mène pas seulement à bien préciser la différence caractéristique qui sépare l'animal du végétal ; en nous la faisant reconnaître jusque dans les facultés primordiales des substances, elle a l'avantage de montrer bien clairement que c'est une différence essentielle.

Nous voudrions de même, dans le présent chapitre, par une analyse raisonnée des phénomènes caractéristiques, suivre jusque dans les facultés primordiales de l'homme et de l'animal la différence qui sépare ces deux êtres, et montrer ainsi qu'elle appartient réellement à leur essence ; et quoique au fond nous admettions ce que M. Hamard a exposé dans son travail sur *La place de l'homme dans la création*, nous croyons qu'ici encore il n'y aura pas double emploi.

La question ainsi posée, il est à peine nécessaire d'en montrer l'importance et l'actualité. Nous citions, dans l'introduction [1], une série de thèses monstrueuses dont la réfutation scientifique est pour nous un devoir de conscience, parce que le charlatanisme des sectaires contemporains essaie chaque jour de les accréditer au nom de la science, parce que parfois même quelques savants les appuient de leur autorité. Dans ce triste programme se trouve la thèse suivante : « Entre les mouvements réflexes ou instinctifs d'un zoophyte et les formes les plus élevées de la raison de l'homme, il n'existe que des différences de degré, non d'essence. » Cela procède du matérialisme et mène à la dégradation. L'orgueil s'en offense peut-

[1] T. 1er, p. 19.

être, mais d'autres passions s'en accommodent, qui, sollicitant l'homme à se rapprocher de la brute, préfèrent lui parler de degrés à descendre plutôt que d'abîme à franchir. Puisqu'une fausse science se fait aujourd'hui leur complice, la science sérieuse a le devoir de soutenir contre elles l'intime conviction que l'homme a de sa noblesse, et d'appuyer ainsi la morale et la religion qui lui disent que noblesse oblige.

Commençons par une déclaration qui a son importance. La théorie que nous allons exposer nous paraît parfaitement d'accord, pour le fond, avec ce que pensent la plupart des savants spiritualistes; mais dans sa forme elle nous est suffisamment personnelle pour que nous la présentions avec une certaine hésitation. Tout en l'appuyant de raisons qui nous semblent valables, nous déclarons la soumettre au jugement des hommes compétents, prêt à accueillir leurs critiques avec autant de reconnaissance que de sincérité.

Voici d'abord comment elle peut se résumer en quelques lignes. La différence fondamentale entre l'animal et l'homme se trouve dans leur faculté de connaître. Tandis que l'homme peut connaître les phénomènes matériels, les phénomènes intellectuels et les causes substantielles dont ces phénomènes sont les actions, la faculté de l'animal ne dépasse pas les phénomènes matériels; le reste lui échappe, il ne connaît ni les phénomènes intellectuels ni les substances.

Pour bien comprendre le sens de cet énoncé, il faut se rappeler les principes exposés au chapitre III, principes qu'on nous permettra de répéter ici en les abrégeant un peu.

Tout phénomène, disions-nous, se compose d'une série continue de phases successives. Il peut arriver que plusieurs de ces phases se ressemblent parfaitement entre elles; elles n'en seront pas moins distinctes les unes des autres, et l'ordre de succession, le rang qu'elles occupent dans la série, suffit pour les distinguer. Cette succession continue de phases distinctes est absolument essentielle au phénomène ; sans ce caractère il est impossible de le concevoir ; en d'autres termes, *son existence est essentiellement étendue dans le temps.*

Nous rappelions alors le curieux sophisme par lequel on semble établir qu'une pareille existence n'en est pas une. Voilà, dit-on, une action qui a commencé il y a une heure, elle se terminera dans une heure. Mais toute la portion déjà passée de cette action, par cela même qu'elle est passée, *n'existe plus ;* la portion future *n'existe pas encore.*

Or, ces deux portions font le tout ; car le tout ne dure que deux heures. Il ne reste donc rien pour le présent, c'est-à-dire pour la seule portion dont on aurait pu dire : *elle existe*. Donc il faut dire que le tout, c'est-à-dire l'action considérée, n'a aucune existence.

Sans répéter ici la réfutation de ce jeu d'esprit, rappelons que, malgré son évidente futilité, il a une importance réelle. Il montre, en effet, que nous avons l'idée d'un autre ordre d'existence, d'une existence qui ne se compose pas de phases successives et distinctes, mais qui est permanente, essentiellement permanente, et appartient à des choses dont le cours du temps n'altère pas l'identité. C'est elle que nous cherchons toujours, que nous voyons toujours à travers l'existence fugitive qui se distribue dans le temps, c'est elle surtout qui nous semble mériter le nom d'existence, et voilà pourquoi, dans le sophisme qui précède, nous prenons aisément le change. Si au lieu de conclure que le phénomène n'a aucune existence, on avait simplement conclu qu'il ne possède pas cet ordre d'existence permanente, on n'aurait pas fait un sophisme, on serait resté dans la vérité.

Il suffit du reste de sonder notre conscience individuelle pour y trouver profondément empreinte l'idée de cette existence permanente.

Car chacun de nous a de lui-même, de ce qu'il appelle *moi*, une connaissance directe, parfaitement distincte et même indépendante de la connaissance qu'il a aussi de ses propres actions. C'est cette connaissance directe qui seule lui permet de reconnaître sa simplicité à travers la multiplicité de ses actions, son identité à travers leur succession. C'est elle qui proprement constitue sa conscience, forme la base de sa responsabilité, et fait qu'il est un être moral. Mais qu'est-ce que cette identité que le temps n'altère pas, qui fait que je suis absolument *le même* homme aujourd'hui qu'hier, bien que mes actions d'aujourd'hui soient tout au plus semblables à celles d'hier ? Qu'est-ce, sinon l'existence permanente dont nous parlons ? C'est elle qui appartient aux *agents*, tandis que les actions n'ont qu'une existence fugitive. L'action est essentiellement dans le temps ; l'agent, au contraire, n'y est pas par son essence, toujours identique avec elle-même, il n'y est que par ses actions. De plus, pour que j'existe, il n'est pas nécessaire que telle ou telle de mes actions existe, mais aucune de mes actions ne pourrait exister, si je n'existais pas. Nous concevons donc l'existence permanente de l'agent, comme condition indispensable de l'existence fugitive de l'action et, par une métaphore très naturelle, nous plaçons la première pour ainsi dire au-dessous de la seconde, pour soutenir celle-ci. De là les noms de *substance* et de cause *substantielle*. La cause substantielle d'un phénomène est donc l'agent permanent dont le phénomène est l'action passagère; elle est au phénomène ce que, d'après le témoignage de ma conscience, je suis à mes actions; elle reste identiquement la même, pendant que son action s'écoule en phases distinctes.

C'est, on le voit, à notre conscience, à la connaissance de nous-mêmes que nous devons recourir pour nous former d'une manière parfaitement claire, ou plutôt pour isoler nettement dans notre esprit l'idée de cause substantielle. Il y a pourtant une différence radicale entre la manière dont chacun de nous se connaît lui-même, et celle dont il connaît toutes les autres substances. Moi, je me connais *directement,* tandis que je ne connais les autres qu'indirectement, par leurs actions, comme causes de leurs actions. Cette distinction est très importante. Je me connais directement; car si je ne me connaissais que par mes actions, je ne pourrais pas savoir avec une certitude absolue que plusieurs de mes actions, simultanées mais différentes, ont bien réellement un seul et même auteur, ni que l'auteur de mes actions d'hier est bien le même que l'auteur de mes actions d'aujourd'hui ; et cependant ces connaissances sont claires, précises, obstinées même au fond de ma conscience. Je les possède si bien qu'il m'est ordinairement impossible de m'en dépouiller et de les contredire, même pour un moment, tant la vue de moi-même et de mon existence est directe et immédiate. Au contraire, pour les autres agents, s'ils n'agissaient pas, si je ne connaissais d'abord tels ou tels de leurs effets, que saurais-je de leur existence ? Ici encore la conscience répond sans hésiter : je n'en saurais rien ; je n'ai ni organe ni facultés pour me mettre directement en rapport avec leur substance. Si je ne savais qu'ils agissent, je ne saurais pas qu'ils sont. Il peut exister, il existe sans doute des myriades d'agents dont je ne sais absolument rien, qui n'existent pas pour moi, uniquement parce que leurs actions n'arrivent pas jusqu'à moi. Il n'en est aucun dont je puisse me dire qu'il existe certainement, et dont cependant je ne connaisse aucune action. Pour moi donc, un agent distinct de moi est exclusivement défini par son activité ; il est la substance capable de produire telles et telles actions. Je connais directement ses actions, j'en conclus son activité, et l'agent n'est pour moi que le support substantiel de cette activité.

Ces notions rappelées, on voit aisément ce que nous voulions dire en distinguant les substances et les phénomènes. Quant à la sous-distinction des phénomènes en matériels et intellectuels, elle n'a évidemment pas besoin d'explication. Notre thèse est donc parfaitement claire; mais il nous reste à l'établir.

Toute la difficulté de l'entreprise, après ce que nous venons de rappeler, se concentre sur la dernière partie, sur celle qui concerne les animaux. Car, pour ce qui nous concerne individuellement, nous avons le témoignage irrécusable de la conscience; et pour les autres hommes, le langage nous informe de l'état de leurs connaissances. Mais quels phénomènes, quels signes nous révéleront ce qui se trouve dans la connaissance des animaux? Comment surtout, car c'est bien de cela qu'il s'agit, comment saurons-nous ce qui ne s'y trouve pas ?

Il est incontestable qu'une pareille étude exige de la critique et du discernement, mais elle ne dépasse pas la portée de l'observation. En effet ces facultés dont il faut constater la présence ou l'absence dans l'animal, l'homme les possède certainement. Il peut donc les étudier sur lui-même ; et comme elles ne sont pas stériles, comme elles concourent à produire un grand nombre de phénomènes extérieurs, il peut, en s'observant lui-même, découvrir quels sont leurs effets naturels, pour conclure ensuite des effets aux causes, avec une certitude suffisante, quand il raisonnera sur les phénomènes observés chez les animaux. C'est la méthode que nous suivrons en examinant les quatre points où la différence entre l'homme et la bête s'accuse le plus clairement. On sait que ces quatre points, considérés par presque tous les auteurs qui étudient cette question, sont le langage, la perfectibilité, la morale, la religion. Les deux premiers nous montreront que les animaux n'ont point connaissance des phénomènes intellectuels, même de ceux qu'ils produisent; les deux autres, qu'ils ne connaissent aucune cause substantielle.

Langage. — Il faut entendre ce mot dans le sens le plus large, comme signifiant la faculté d'exprimer volontairement et de communiquer ainsi une connaissance quelconque. Dans ce sens on ne peut dire que les animaux sont muets; mais on ne peut non plus nier qu'il y ait en fait une énorme différence entre leur langage et celui de l'homme. Avant de rechercher les causes de cette différence, nous devons la bien caractériser.

Les savants matérialistes ne peuvent ici nous

rendre aucun service. Leur dogme fondamental les oblige à atténuer autant que possible et, pour y parvenir, ils cherchent naturellement à confondre les choses les plus distinctes. Nous n'avons pas même à les réfuter directement ; car, sans compter que la fausseté de leurs principes contradictoires a été déjà plusieurs fois exposée dans les chapitres précédents, il suffira évidemment de répondre à des savants spiritualistes qui, sur cette question du langage, admettent librement, sans arrière-pensée dogmatique et, par suite, avec plus d'autorité, la thèse que les matérialistes sont condamnés à soutenir. Le plus illustre de ces savants est sans contredit M. de Quatrefages dont voici les paroles [1] :

« Plus je réfléchis, plus je me confirme dans la conviction que l'homme et l'animal pensent et raisonnent en vertu d'une faculté qui leur est commune et qui est seulement énormément plus développée dans le premier que dans le second. Ce que je viens de dire de l'intelligence je n'hésite pas à le dire aussi du langage qui en est la plus haute manifestation. Il est vrai que l'homme seul a la *parole*, c'est-à-dire la *voix articulée*. Mais deux classes d'animaux ont la *voix*. Il n'y a là

---

[1] *L'Espèce humaine.* Paris, 1877, p. 15.

encore chez nous qu'un perfectionnement immense, mais rien de radicalement nouveau. Dans les deux cas, les sons, produits par l'air que mettent en vibration les mouvements volontaires imprimés à un larynx, traduisent des impressions, des pensées personnelles, comprises par les individus de même espèce. Le mécanisme de la production, le but, le résultat sont au fond les mêmes.

» Il est vrai que le langage des animaux est des plus rudimentaires et pleinement en harmonie sous ce rapport avec l'infériorité de leur intelligence. On pourrait dire qu'il se compose presque uniquement d'interjections. Tel qu'il est pourtant, ce langage suffit aux besoins des mammifères et des oiseaux qui le comprennent fort bien. L'homme lui-même l'apprend sans trop de peine. Le chasseur distingue les accents de la colère, de l'amour, du plaisir, de la douleur, le cri d'appel, le signal d'alarme ; il se guide à coup sûr d'après ces indications ; il reproduit ces accents, ces cris de manière à tromper l'animal. Bien entendu que je laisse en dehors du *langage des bêtes* le chant proprement dit des oiseaux, celui du rossignol par exemple. Celui-ci me paraît dépourvu de toute signification, comme le sont les vocalises d'un chanteur, et je ne crois pas à la traduction de Dupont de Nemours. »

Ainsi donc le langage des animaux est, selon M. de Quatrefages, le produit d'une faculté qui au fond, c'est-à-dire essentiellement, est identique avec celle de l'homme, bien que dans celui-ci elle soit énormément plus développée. Il n'y a qu'une différence de degré, non d'essence. La preuve c'est que, de part et d'autre, il y a au fond un même mécanisme avec le même but et le même résultat.

Cette preuve sur laquelle repose tout le reste, cette formule donnée comme résumant les faits fondamentaux, est-elle bien établie par l'observation ? Voilà ce qui doit d'abord uniquement nous occuper. M. de Quatrefages n'apporte aucun fait à l'appui. Nous croyons qu'elle est inexacte et que les faits la contredisent. Nous admettons, il est vrai, que le mécanisme est au fond le même de part et d'autre, non seulement pour le son, mais aussi pour les gestes ; car il ne faut pas oublier que les gestes servent comme le son à exprimer des connaissances. Nous accordons aussi l'identité du résultat qui, de part et d'autre, est la communication. Ce que nous nions, c'est l'identité du but.

Le but dont il s'agit est évidemment l'intention qui préside à l'émission du son ou à la formation du geste. Eh bien, nous soutenons que cette intention est fort différente dans le langage humain et dans le langage de la bête. L'homme qui parle a généralement l'intention explicite de communiquer sa pensée. Parfois sans doute il a en même temps une autre intention, il communique sa pensée pour obtenir en outre tel ou tel avantage, pour écarter tel ou tel inconvénient ; mais souvent aussi il ne veut pas autre chose que cette simple communication. Il y trouve un avantage suffisant pour le déterminer à parler. Quand il raconte, quand il cause, quand il enseigne, quand il discute un point théorique quelconque, il n'a le plus souvent d'autre but que de transmettre des connaissances à ses interlocuteurs ; et dans ces cas du moins il est impossible de douter qu'il en ait réellement l'intention explicite. La conscience, du reste, nous avertit que, même quand nous parlons pour atteindre un autre but nous songeons à être compris, c'est-à-dire que nous avons également l'intention explicite de communiquer nos pensées. Au contraire, *l'animal n'a jamais cette intention.*

Nous ne sommes pas le premier à le dire, témoin cette parole de saint Thomas d'Aquin : *Etsi bruta animalia aliquid manifestent, non tamen manifestationem intendunt* [1]. Le langage

---

[1] *Summa theologica*, 2ᵃ 2ᵃᵉ, q. 110, a. 1.

de l'animal est une véritable manifestation, c'est-à-dire une série de mouvements volontaires, réglés par une connaissance, et exprimant cette connaissance de façon qu'elle puisse se communiquer ; mais ce n'est pas une manifestation intentionnelle, parce que la communication elle-même n'est pas explicitement voulue. Avant d'établir cette proposition, rendons-la bien claire par des faits analogues observés sur nous-mêmes avec le criterium irrécusable du sens intime. Je veux remuer un doigt. Il faut pour y parvenir que je dérange d'abord certains points de mon cerveau, que je fasse naître ainsi un ébranlement qui se transporte ensuite sur certains cordons nerveux, et que par là j'arrive à contracter certains muscles. Peut-on dire que ces trois phénomènes successifs ne sont pas volontaires ? Non ; car, s'ils ne l'étaient pas, le mouvement de mon doigt ne le serait pas non plus, puisqu'il en est la conséquence nécessaire. Mais ces trois phénomènes sont-ils explicitement voulus ? Non, car je devrais pour cela déterminer dans ma pensée les cellules du cerveau, ainsi que les fibres nerveuses et musculaires qu'il faut ébranler. Or, non seulement je n'y songe pas en remuant mon doigt, mais je suis dans l'impossibilité d'y songer, parce que mes muscles, mes nerfs et mon cerveau, me sont hélas! à peu près inconnus. La seule chose réellement intentionnelle, c'est-à-dire explicitement voulue, c'est le mouvement que j'ai en vue. Tel est, disons-nous, le cas du langage des bêtes. En le produisant, elles ont un autre but pour lequel il faut qu'elles expriment et communiquent certaines connaissances ; mais elles le font comme nous gouvernons nos muscles et nos nerfs, sans le savoir et, par suite, sans le vouloir explicitement. C'est ce que l'observation de leurs mœurs nous permet d'affirmer.

Toujours, en effet, quand elles transmettent des signes quelconques, par la voix, par le geste, on aperçoit au delà de cette transmission quelque autre chose qu'elles ont immédiatement en vue. La poule, par exemple, en poussant des cris, en battant des ailes, avertit ses poussins d'un danger : mais c'est pour les rassembler auprès d'elle. Le chien et le chat, en présence d'un ennemi, prennent des attitudes belliqueuses, ils émettent en grondant de véritables menaces, mais c'est pour faire reculer cet ennemi. Jamais nous ne voyons les animaux causer platoniquement entre eux. Et pourtant ils devraient bien souvent être tentés de le faire, s'ils étaient capables d'y songer. Le besoin social qu'ils ont les uns des autres, et qu'ils éprouvent souvent, devrait parfois amener entre eux quelques explications. La plupart élèvent leurs petits avec grand soin ; pourquoi ne leur raconteraient-ils pas ce qu'ils ont vu, puisqu'ils s'en souviennent ? Bien plus, tous les animaux, surtout quand ils sont jeunes, éprouvent comme nous le besoin instinctif d'exercer leurs facultés, de faire des mouvements, d'émettre des sons ; ils ont aussi un certain besoin d'apprendre. En faudrait-il davantage pour les amener à de véritables conversations, s'ils avaient l'idée de cet échange de vues qui constitue la conversation ? Pourtant leur curiosité instinctive ne détermine aucun échange ; et le seul résultat que produise l'exubérance de la vie, c'est de les faire jouer entre eux.

Mais, dira-t-on, ces jeux ne sont-ils pas une sorte de conversation ? Ne peut-on pas, comme M. de Quatrefages [1], dire des jeunes chats qu'ils *jouent la comédie* quand ils luttent en grondant et en se mordant sans se blesser, quand ils simulent des passions opposées à celles qu'ils ressentent, tout en restant maîtres de leurs mouvements ? Or peut-on jouer la comédie sans songer à l'expression et à l'effet qu'elle produit sur les autres ?

---

[1] *L'espèce humaine*, p. 15.

C'est là sans doute une interprétation qui ne serait pas sans vraisemblance, si les animaux ne jouaient jamais qu'entre eux ou avec l'homme. Mais qui ne sait qu'au besoin ils jouent tout seuls? Un jeune chat, seul dans un jardin, s'embusque derrière les arbres, ou se dissimule dans l'herbe, pour s'élancer sur les feuilles mortes que le vent soulève. Joue-t-il alors la comédie, songe-t-il à exprimer et à communiquer une pensée quelconque ? Évidemment non ; il éprouve simplement le besoin d'exercer ses facultés de chasseur, et c'est uniquement pour satisfaire ce besoin instinctif que, sans songer à âme qui vive, il se livre à ces chasses imaginaires. Puisque cette interprétation, seule admissible dans ce cas, est également applicable et suffisante quand il jouera de compagnie, on n'aura pas alors le droit d'en supposer une autre.

Quant aux ruses des animaux, lorsqu'elles ne sont pas purement instinctives et involontaires, si elles ont pour effet de tromper, elles ont toujours en même temps, comme le reste de leur langage, un autre but immédiatement et explicitement voulu, distinct de l'envie d'induire en erreur, comme par exemple de saisir une proie ou d'échapper à un danger. Dès lors, on n'a aucune raison de les supposer plus intentionnelles que le reste, et rien n'autorise à les regarder comme des mensonges.

Il y a donc une différence essentielle entre le langage humain et le langage des animaux. Dans le premier seul, l'expression et la communication de la pensée sont connues du sujet et explicitement voulues par lui ; dans le second, elles sont un intermédiaire, inconnu de l'animal qui les produit, comme le sont pour nous les phénomènes cérébraux, nerveux et musculaires du mouvement volontaire. L'homme lui-même sans doute emploie quelquefois ce second langage; plusieurs de nos exclamations et de nos gestes en font probablement partie ; mais l'homme est seul ici-bas à employer le premier. Seul il parle avec la volonté explicite d'exprimer ses pensées et de les communiquer à d'autres.

Pour conclure de ce fait qu'il y a, entre l'homme et l'animal, une différence essentielle tracée par la nature, il est bon de montrer que le premier langage est aussi naturel à l'homme que le second l'est aux animaux. Il semble à première vue que les faits prouvent le contraire. Aucun animal n'a besoin d'apprendre le système de signes qui forme ce qu'on pourrait appeler sa langue, ce système est généralement tout déterminé par son organisme, et par suite il faut dire que toutes les langues animales sont des langues naturelles. Au contraire, toutes les langues humaines sont artificielles. Aussi nul ne les parle sans les avoir apprises ; et bien que toutes les races, même les plus dégradées, sachent parler une langue, il y a des individus jouissant de leurs facultés intellectuelles, comme les sourds de naissance, qui, faute de pouvoir en apprendre, restent muets toute leur vie. Mais il ne faut pas confondre les langues avec le langage. Si les langues humaines sont artificielles, le langage humain, c'est-à-dire le pouvoir de communiquer sciemment des connaissances, est naturel, et tous les hommes le possèdent sans l'avoir étudié, s'ils jouissent de leurs facultés intellectuelles. Les sourds-muets savent se faire comprendre indépendamment des systèmes conventionnels qu'on a imaginés pour enrichir leur langue. Ces signes artificiels eux-mêmes, ils ne les apprennent qu'au moyen d'un premier langage que nul ne leur enseigne. Ce premier langage est toujours à la disposition de chacun de nous. Supposez dans une île déserte deux naufragés dont les langues maternelles n'ont aucune ressemblance. Dès la première entrevue, en s'exprimant par gestes, ils sauront se comprendre ; et grâce à ce langage naturel ils parviendront bientôt à se constituer une langue conventionnelle plus riche.

Si les animaux n'enrichissent pas leur dictionnaire par le même procédé, c'est que de pareilles conventions sont impossibles entre des êtres qui parlent sans le savoir.

C'est également du langage naturel des gestes que se servent les parents pour enseigner aux enfants une première langue artificielle. Bien plus, ce langage des gestes nous paraît fournir de la première formation du langage phonétique une explication qui a l'avantage d'être parfaitement d'accord avec les faits constatés par la linguistique, mais qui diffère beaucoup des rêveries de certains philosophes. Ceux-ci en recherchant *à priori* comment avaient pu se faire les conventions qui ont produit la première langue parlée, supposaient que le créateur d'un mot, en désignant du doigt un objet quelconque, émettait le son destiné par lui à le représenter. Si l'appellation ainsi proposée était admise, le mot entrait dans la langue; et après quelques centaines de conventions semblables, on possédait un stock suffisant pour enrichir la langue par dérivation, à mesure que le besoin s'en faisait sentir. La linguistique a fait justice de ces imaginations. Il est évident, en effet, que par un pareil procédé tous les mots racines devraient être des substantifs, et que les noms des objets sonores, surtout des animaux dont le cri est caractéristique, devraient pour la plupart être formés par onomatopée. Or, on sait aujourd'hui, que les racines des langues ne sont pas généralement des racines nominales, et que les onomatopées proprement dites y sont extrêmement rares. Qu'en imaginant jadis un pareil système on ait ignoré les faits établis aujourd'hui par la linguistique, il faut le pardonner puisque la linguistique n'existait pas alors. Mais on pouvait du moins tenir compte d'un fait que la conscience révèle, à savoir que l'homme, avant d'inventer une langue artificielle, possède un langage naturel, le langage des gestes. Or nos gestes se rangent en deux classes bien distinctes : la première, fort pauvre et fort uniforme, comprend les gestes *démonstratifs*, la seconde, énormément plus riche et plus variée, comprend les gestes *mimiques*. On se fait aisément une idée de l'importance de cette seconde classe, en se demandant ce que deviendrait une pantomime dont les acteurs ne pourraient employer que la première. Aussi en recourant uniquement, comme on le faisait, aux gestes démonstratifs, on privait en réalité de presque toutes leurs ressources les inventeurs de la langue phonétique. Pourquoi ne pas supposer plutôt que cette langue s'était, pour ainsi dire, créée d'elle-même en servant d'accompagnement naturel au langage des gestes, en le traduisant ainsi à peu près mot à mot ? Aujourd'hui le langage des gestes accompagne tout naturellement la voix ; à l'origine sans doute c'était la voix qui accompagnait le geste. La linguistique semble bien donner raison à cette hypothèse ; car elle retrouve précisément dans les langues deux espèces de racines : d'abord quelques racines pronominales qui, peu variées et capables de désigner successivement les objets les plus divers, correspondent parfaitement aux gestes démonstratifs ; ensuite de nombreuses racines verbales qui, exprimant ordinairement des mouvements matériels, peuvent être regardées comme la traduction des gestes mimiques. Ainsi la langue parlée serait au langage des gestes ce que notre langue écrite est à la langue parlée. Notre écriture ne représente pas immédiatement la pensée, mais les sons; de même, d'après ce qui précède, les sons auraient uniquement représenté les gestes, qu'ils accompagnèrent d'abord, qu'ils remplacèrent ensuite. On conçoit aisément, dans cette explication, que les racines de la langue phonétique aient pu être au début beaucoup plus multipliées et plus changeantes qu'elles ne l'ont été plus tard. Ainsi s'expliquerait peut-être l'impuissance des efforts tentés jusqu'ici par quelques linguistes pour rattacher toutes les langues à une origine commune.

Arrêtons là ces remarques pour ne pas leur donner la longueur d'une véritable digression. Qu'il nous suffise d'avoir montré que le langage humain, malgré ce qu'il présente de conventionnel à la surface, est au fond aussi naturel que celui des animaux ; et concluons que l'abîme signalé plus haut entre l'homme et la bête a réellement été creusé par la nature.

Remontons maintenant du langage aux facultés dont il dépend, et nous serons pleinement autorisés à dire que les animaux n'ont aucune notion des phénomènes intellectuels, sans en excepter ceux qu'ils produisent eux-mêmes. En effet, s'ils pouvaient, comme nous, savoir qu'ils connaissent, ils verraient inévitablement dans la connaissance, ce qui s'y trouve en réalité, un bien précieux, un bien qui, loin de se perdre en se communiquant, augmente par l'échange que provoque la communication ; et puisqu'ils ont de fait tout ce qui est nécessaire et suffisant pour un véritable langage, ils éprouveraient comme nous le besoin d'interroger et de répondre, ils auraient comme nous la volonté explicite de communiquer et d'échanger leurs connaissances. Or, nous avons vu que cette volonté explicite leur manque toujours. C'est qu'il n'appartient qu'à l'homme, comme le dit saint

Thomas, de voir un bien dans la connaissance [1] ; c'est que les animaux ignorent l'existence des phénomènes intellectuels, et ne connaissent jamais qu'à leur insu. Leur faculté de connaître est bornée aux phénomènes matériels qui affectent leurs sens ; et comme ses propres actes ne sont pas compris dans ce domaine restreint, elle est condamnée à les ignorer et, par suite, à s'ignorer elle-même.

Perfectibilité. — Nous allons comparer l'homme et l'animal au point de vue de la perfectibilité ; mais nous n'essayerons pas de porter cette comparaison jusque dans l'ordre moral ou dans l'ordre purement intellectuel. On verra clairement, par la suite de ce chapitre, que ce sont là des terrains interdits à l'animal. Le seul terrain commun où nous puissions rencontrer l'un et l'autre est celui du monde matériel ; et nous avons à voir uniquement comment chacun d'eux parvient à réaliser des progrès dans ses rapports avec ce monde restreint. Cette comparaison établira par de nouveaux faits la conclusion que nous avons

---

[1] « Apprehendere ipsam cognitionem tamquam bonum quoddam, proprium est hominis. » *Summa theologica,* 1a 2æ, q. 31, a. 6.

déjà tirée de la différence des langages, à savoir que l'homme est le seul à connaître l'existence des phénomènes intellectuels.

Pour se mettre en rapport avec le monde matériel, l'homme et l'animal appliquent à leur organisme des forces volontaires, non déterminées par les circonstances antérieures, mais déterminées par eux-mêmes d'après la connaissance qu'ils ont de ces circonstances. De là, comme on l'a vu au chapitre précédent, les sensations et les mouvements volontaires par lesquels ils se tiennent au courant des phénomènes extérieurs et parviennent dans une certaine mesure à les diriger. Leurs rapports avec le monde sont donc réglés par des facultés de deux ordres bien distincts. Les premières, que nous appellerons facultés organiques, sont de l'ordre matériel. Elles résultent du système plus ou moins parfait des organes, de la facilité plus ou moins grande avec laquelle ce système reçoit et transmet l'influence des forces volontaires et celle des forces extérieures. Les secondes sont de l'ordre intellectuel, et se manifestent surtout par la connaissance plus ou moins parfaite des phénomènes. Ce sont elles qui dirigent les premières, et pour cette raison nous les appellerons facultés directrices. Le progrès peut se produire dans ces deux ordres de facultés; et même, si l'on observe les individus depuis la naissance jusqu'à l'âge adulte, on peut dire que ce double progrès se produit toujours, sauf peut-être chez les animaux inférieurs. C'est que la nature y a pourvu, quand elle a mis dans l'animal et dans l'homme lui-même, surtout au début de la vie, le besoin instinctif d'exercer ses facultés, et que ce besoin s'accroît encore en devenant volontaire, grâce aux attractions et aux répulsions que le plaisir et la peine renouvellent sans cesse dans les êtres vivants. Or l'exercice, en amenant l'habitude, perfectionne aussi bien les facultés organiques que les facultés directrices.

Il serait bien difficile de dire qui, de l'homme ou des animaux supérieurs, l'emporte pour la perfectibilité des facultés organiques ; mais nous n'avons point à porter la comparaison sur ce terrain. Quant aux facultés directrices, dont le progrès se manifeste par une connaissance progressive du monde matériel, la comparaison est facile. La perfectibilité de l'homme est immense, illimitée ; celle de l'animal est à peu près nulle.

Le besoin instinctif dont nous parlions tout à l'heure s'appelle ici la curiosité naturelle. Chez l'homme elle devient rapidement volontaire, elle n'est jamais rassasiée, elle se développe même à mesure qu'elle se satisfait. Chez l'animal on peut

8.

dire qu'elle reste toujours à l'état instinctif et rudimentaire. Elle paraît bien n'avoir en lui d'autre destination que de permettre le développement des facultés organiques ; elle est toujours satisfaite en même temps que celles-ci. Aussi, non seulement les animaux n'acquièrent jamais le moindre élément de nos sciences physiques, mais ils se montrent absolument incapables des arts les plus élémentaires. On trouve bien chez eux des merveilles de construction, des merveilles de prévoyance ; mais l'expérience montre que leur connaissance n'y entre pour rien, que tout cela est en eux purement instinctif, disposé à leur insu par une pensée qui ne leur appartient pas. Quel animal a trouvé le moyen de vaincre les obstacles climatériques qui le confinent dans un habitat déterminé ? Quel animal s'est jamais fabriqué un instrument ou une arme pour suppléer à l'insuffisance ou à la perte de ses organes naturels ? Au contraire, l'homme a toujours et partout profité de ses connaissances et cherché à les développer. Il a de bonne heure trouvé les moyens de se répandre par toute la terre, il s'est fabriqué des instruments et des armes pour multiplier sa puissance, il a appris à vaincre les éléments et les animaux mieux armés que lui par la nature. Il est souvent parvenu à se faire obéir des uns et des autres. Et non content d'observer le monde matériel pour arriver à s'en servir, il l'a encore observé pour le seul plaisir de le connaître. L'histoire des sciences et des arts est une histoire exclusivement humaine, et elle est inséparable de l'histoire de l'humanité.

L'influence de l'éducation et de l'hérédité sur le progrès est, dans la comparaison qui nous occupe, tout à fait caractéristique. Les facultés organiques arrivent assez rapidement dans chaque individu à un degré de perfection qu'elles ne dépassent plus dans la suite; mais ce degré n'est pas exactement le même pour les divers individus d'une même espèce. Or les particularités qui les distinguent entre eux sont souvent transmissibles à leur postérité, et peuvent même s'accentuer en se transmettant si elles se trouvent dans les deux parents. De là un moyen, bien connu des éleveurs, pour accumuler ces particularités, les fixer et créer de nouvelles races. Après quelques générations, on obtient ainsi des individus dont certaines facultés organiques peuvent atteindre un degré de perfection inconnu à leurs ancêtres. Dirigée avec intelligence, l'hérédité est donc un moyen lent, mais sûr, de progrès : seulement elle ne perfectionne pas, à proprement parler, les individus, mais la race. L'éducation, au contraire, autre agent de progrès, cherche uniquement à développer la puissance de l'individu, en faisant concourir au développement de ses facultés l'expérience et les connaissances acquises par d'autres. Elle perfectionne surtout les facultés directrices, tandis que l'hérédité ne perfectionne guère que les facultés organiques. Il est vrai que certaines dispositions qu'on pourrait ranger dans la première catégorie, comme le caractère, les aptitudes, les passions, sont transmissibles aux descendants; mais il semble incontestable que ces dispositions tiennent uniquement aux facilités ou aux obstacles que l'organisme présente aux facultés directrices. La culture intellectuelle et les connaissances acquises ne se transmettent pas par l'hérédité; c'est l'éducation seule qui les fait passer d'un individu à un autre.

Si maintenant nous comparons l'homme et l'animal en face de ces deux agents de progrès, que trouvons-nous ? Dans l'espèce humaine, l'hérédité a sans doute un grand pouvoir. Elle détermine les aptitudes physiques et même, avec la restriction que nous venons d'indiquer, certaines aptitudes morales et intellectuelles; pourtant, quelque grand que soit ce pouvoir, il est toujours limité, surtout sur ce dernier terrain. L'éducation, au contraire, a pour la culture intellectuelle et l'acquisition des connaissances, pour ce qui constitue principalement les facultés directrices, un pouvoir à peu près illimité. Elle peut même souvent neutraliser et renverser complètement les dispositions naturelles dues à l'hérédité. Chez les animaux, l'éducation ne peut presque rien, c'est l'hérédité qui détermine à peu près tout. Nous voici donc de nouveau amenés à reconnaître que la perfectibilité organique, sur laquelle opère l'hérédité, est à peu près la même dans l'homme et dans l'animal ; tandis que la perfectibilité intellectuelle, à laquelle s'adresse l'éducation, immense dans le premier, est tout à fait insignifiante dans le second.

Ici se présente une seconde fois le raisonnement que nous avons fait en parlant du langage. Si les animaux avaient, comme nous, la notion des phénomènes intellectuels, s'ils pouvaient, comme nous, savoir qu'ils connaissent, qu'ils exercent ces facultés que nous avons appelées directrices, le désir de les exercer ne resterait pas chez eux à l'état de besoin rudimentaire et instinctif. Ils estimeraient la connaissance comme un bien digne d'être recherché. Leur curiosité deviendrait volontaire, et se développerait nécessairement. Dès lors, ils cesseraient d'être la proie fatale de l'hérédité, ils seraient largement ouverts aux influences de l'éducation. De ce que leur perfectibilité, si réelle et si apparente dans les facultés organiques, disparaît et s'évanouit dans les facultés directrices, il faut donc conclure, comme précédemment, que les phénomènes intellectuels sont complètement soustraits à leur connaissance.

Morale et religion. — Nous réunissons les dernières bases de comparaison, la morale et la religion, à cause de leurs nombreux contacts, ou plutôt de leur intime liaison. Cette réunion nous épargnera des redites et n'amènera aucune confusion.

Il convient ici surtout de mettre d'abord les faits en pleine lumière et hors de toute contestation ; nous les interpréterons ensuite, pour en déduire la conclusion annoncée plus haut, à savoir que l'animal n'a aucune connaissance des substances proprement dites.

Pour les faits, nous emprunterons surtout le témoignage d'un savant qui a consacré toute sa vie à les observer, à les réunir, à les discuter, et dont la parole fait depuis longtemps autorité. M. de Quatrefages les résume ainsi dans son dernier ouvrage :

« On constate chez l'homme trois phénomènes fondamentaux, auxquels se rattachent une multitude de phénomènes secondaires, et dont rien jusqu'ici n'a pu nous donner une idée, pas plus chez les êtres vivants que dans les corps bruts. 1º L'homme a la *notion du bien et du mal moral*, indépendamment de tout bien-être ou de toute souffrance physiques ; 2º l'homme *croit à des êtres supérieurs* pouvant influer sur sa destinée ; 3º l'homme *croit à la prolongation de son existence après cette vie* [1]. »

Pour désigner le premier fait, M. de Quatrefages emploie le mot de *moralité*, le second et le troisième sont compris par lui sous le nom de *religiosité*. Il y a déjà vingt ans qu'en proposant ces deux dénominations, il en donnait la justification suivante :

« Dans toute société où il existe un langage assez parfait pour exprimer les idées générales et abstraites, nous trouvons des mots destinés à rendre les idées de vertu et de vice, d'homme de bien et de scélérat. — Là où la langue fait défaut, nous rencontrons des croyances, des usages prouvant clairement que, pour ne pas être rendues par le vocabulaire, ces idées n'en existent pas

---

[1] *L'Espèce humaine*, p. 16.

moins.— Chez les nations les plus sauvages, jusque dans les peuplades que d'un commun accord on place aux derniers rangs de l'humanité, des actes publics ou privés nous forcent à reconnaître que partout l'homme a su voir à côté et au-dessus du bien et du mal physiques quelque chose de plus élevé ; chez les nations les plus avancées, des institutions entières reposent sur ce fondement.

» La notion abstraite du bien et du mal moral se retrouve ainsi dans tous les groupes d'hommes. Rien ne peut faire supposer qu'elle existe chez les animaux. — Elle constitue donc un premier caractère du règne humain.— Pour éviter le mot de *conscience*, pris souvent dans un sens trop précis et trop restreint, j'appellerai *moralité* la faculté qui donne à l'homme cette notion, comme on a nommé *sensibilité* la propriété de percevoir des sensations.

» Il est d'autres notions, se rattachant généralement les unes aux autres, et que l'on retrouve dans les sociétés humaines même les plus restreintes et les plus dégradées. Partout on croit à un monde autre que celui qui nous entoure, à certains êtres mystérieux d'une nature supérieure qu'on doit redouter ou vénérer, à une existence future qui attend une partie de notre être après la destruction du corps. En d'autres termes, la notion de la Divinité et celle d'une autre vie sont tout aussi généralement répandues que celle du bien et du mal. Quelque vagues qu'elles soient parfois, elles n'en enfantent pas moins partout un certain nombre de faits significatifs. C'est à elles que se rattachent une foule de coutumes, de pratiques signalées par les voyageurs, et qui, chez les tribus les plus barbares, sont les équivalents des grandes manifestations de même nature dues aux peuples civilisés.

» Jamais chez un animal quelconque on n'a rien constaté ni de semblable, ni même d'analogue. — Nous trouverons donc dans l'existence de ces notions générales un second caractère du règne humain, et nous désignerons par le mot de *religiosité* la faculté ou l'ensemble de facultés auxquelles il les doit [1]. »

M. de Quatrefages ne prétend pas d'ailleurs que les trois faits fondamentaux qui caractérisent l'espèce humaine doivent se retrouver toujours dans tous les individus ; mais il soutient qu'on les rencontre dans tous les groupes ayant une existence sociale distincte et pouvant mériter le titre de races. Ainsi en parlant de la religiosité, il disait en 1868 dans ses leçons du Muséum : « Pour ma

---

[1] *Unité de l'espèce humaine*, pp. 22 et 23.

part, je déclare que je ne connais plus une seule peuplade qu'on puisse, avec quelque apparence de raison, appeler athée. Sans doute on trouve des individus et des écoles qui déclarent ne pas admettre pour leur compte d'idées religieuses. J'accepte comme absolument exacte l'assurance qu'ils donnent de leur athéisme, en me bornant à faire remarquer que ces individus ou ces écoles appartiennent presque exclusivement aux nations civilisées, c'est-à-dire à celles qui ont donné les preuves les plus anciennes et les plus éclatantes de leur religiosité.» Comme naturaliste, et pour l'établissement du *règne humain*, il n'avait pas à pousser plus loin. Nous qui nous plaçons à un autre point de vue, nous serons tenus, on le verra bientôt, à moins de réserve.

Même dans ces limites, les faits sont-ils universellement reconnus ?

L'impossibilité évidente de supposer une société humaine sans aucune notion du bien et du mal, a mis la moralité dans les groupes humains au-dessus de toute contestation sérieuse. Mais on a plusieurs fois affirmé qu'il existait des peuplades sans religion. L'examen des faits et la discussion loyale ont fini par avoir définitivement raison de ces allégations. Les plus illustres voyageurs ont opposé des observations et des témoignages décisifs.

C'est ainsi que Livingstone déclarait : « Quelque dégradées que soient ces populations, il n'est pas besoin de les entretenir de l'existence de Dieu, ni de leur parler de la vie future ; ces deux vérités sont universellement reconnues en Afrique [1]. »
Et M. de Quatrefages a pu écrire dans son dernier ouvrage : « Obligé, par mon enseignement même, de passer en revue toutes les races humaines, j'ai cherché l'athéisme chez les plus inférieures comme chez les plus élevées. Je ne l'ai rencontré nulle part, si ce n'est à l'état individuel ou à celui d'écoles plus ou moins restreintes, comme on l'a vu en Europe au siècle dernier, comme on l'y voit encore aujourd'hui. Est-il vrai que des faits analogues se soient produits ailleurs, et que quelques tribus américaines, quelques populations polynésiennes ou mélanésiennes, quelques hordes de Bédouins aient totalement perdu les notions de la Divinité et d'une autre vie ? La chose est certainement possible. Mais à côté d'elles vivaient d'autres tribus, d'autres populations, d'autres hordes, *exactement de même race*, et où s'était conservée la foi religieuse. C'est ce qui résulte des exemples mêmes cités par Lubbock.

---

[1] Cité par M de Quatrefages dans l'ouvrage précédent et dans son *Rapport sur les progrès de l'Anthropologie*.

Là est le grand fait. L'athéisme n'est nulle part qu'à l'*état erratique*. Partout et toujours, la masse des populations lui a échappé ; nulle part, ni une des grandes races humaines, ni même une division quelque peu importante de ces races n'est athée. Tel est le résultat d'une enquête qu'il m'est permis d'appeler consciencieuse, et qui avait commencé bien avant mon entrée dans la chaire d'anthropologie. Il est vrai que dans ces recherches j'ai procédé, j'ai conclu, non pas en penseur, en croyant ou en philosophe, tous plus ou moins préoccupés d'un idéal qu'ils acceptent ou qu'ils combattent ; mais exclusivement *en naturaliste* qui, avant tout, cherche et constate *des faits* [1]. »

On a élevé une autre objection. Les faits de moralité et de religiosité ne sont pas, a-t-on dit, exclusivement humains ; on en trouve quelques traces chez les animaux. Et l'on citait comme se rattachant à la moralité des traits de courage et de dévouement, voire même de probité, dont l'explication naturelle et complète est fournie par les passions telles que l'amour et la haine ou même simplement par l'instinct, mais dans lesquels rien ne démontre l'influence de la notion morale du

---

[1] *L'Espèce humaine*, pp. 355 et 356.

bien et du mal. Parce que, dans des actions humaines toutes semblables, la conscience révèle parfois l'influence de la moralité, il ne s'ensuit pas que cette influence y soit toujours indispensable. D'autres causes peuvent la remplacer ; et par suite ces actions n'autorisent pas à conclure comme on voudrait le faire dans le cas de l'animal. Il faudrait montrer qu'il n'y a pas d'autre explication admissible, et c'est ce qu'on ne fait pas. « On peut affirmer sûrement, dit M. Mivart, qu'il n'y a chez les brutes aucune trace d'actions simulant la moralité qui ne soient explicables par la crainte du châtiment, l'espérance du plaisir, ou quelques affections personnelles [1]. » Quant à la religiosité, on n'a jamais essayé d'attribuer aux animaux aucune espèce de croyance à une autre vie ; mais on a voulu voir dans leurs rapports avec l'homme quelque chose qui ressemble aux rapports de l'homme avec le monde invisible. Le défaut de ce rapprochement, et il est irrémédiable, c'est précisémeut que l'homme n'est pas invisible pour les animaux. Darwin, il est vrai, a raconté l'histoire d'un chien aboyant après un parasol ouvert que le vent remuait ; mais quand un observateur aussi perspicace, un écrivain

---

[1] *Genesis of species,* p 221 ; cité par M. Hamard.

aussi habile, en est réduit à invoquer de pareils faits, n'est-ce pas la meilleure preuve qu'il n'y a pas de faits sérieux à alléguer ? Il est triste, sans doute, quand on regarde l'athéisme comme un progrès, de se voir devancer dans cette direction par les animaux ; il faut pourtant en prendre son parti, l'évidence des faits est imptoyable.

Nos prémisses sont suffisamment établies par ce qui précède ; cependant, avant d'argumenter et de conclure, nous voudrions préciser le sens de l'une d'entre elles. Les deux propositions résumées par le mot de religiosité sont parfaitement claires ; mais que signifie au juste la formule de la moralité ? Que dit ma conscience quand elle me parle « de bien ou de mal moral, indépendamment de tout bien-être et de toute souffrance physiques » ? Elle ne me parle certainement pas alors des effets matériels et nécessaires de l'action que je pose. Elle ne me parle pas non plus des conséquences agréables ou fâcheuses qui en découleront probablement pour moi, grâce à d'autres agents volontaires à qui mon action pourra plaire ou déplaire. Ces choses-là ne dépassent pas la portée des animaux. Non ce n'est pas des effets et des conséquences qu'elle me parle, mais de la cause efficiente de mes actions, c'est-à-dire de moi-même ; et c'est précisément pour cela qu'on l'appelle *conscience*. Elle me parle de ma *responsabilité* ; c'est-à-dire, puisqu'il s'agit toujours d'une action qui n'est pas nécessitée mais volontaire, elle me parle de *rendre compte* de ma détermination, et elle élève ainsi l'action volontaire au rang d'action réellement libre. Par elle, je ne suis pas seulement l'auteur de mes actions, mais je sais que je le suis, et je sais de plus qu'on peut m'en demander compte et que je dois le rendre. C'est bien là ce que dit la conscience quand elle parle de bien ou de mal moral, et il suffit de nous interroger pour le reconnaître. Mais à qui rendre compte, devant qui suis-je responsable ? Est-ce devant d'autres hommes, devant la société ? Non, ce n'est pas d'eux seulement ni directement qu'elle nous parle ; car elle ne nous donne pas leur opinion pour règle absolue de nos mœurs ; parfois même elle nous fait porter sur nos actions un jugement contraire à celui que nous pouvons attendre des autres hommes et de la société. Elle nous parle d'un pouvoir supérieur et invisible, dont la loi s'impose à nos déterminations libres. C'est devant ce pouvoir qu'elle nous déclare responsables. Nous savons parfaitement que l'ignorance, les préjugés, les passions obscurcissent souvent la lumière de la conscience. Mais, dans les termes généraux auxquels nous venons de réduire le fait de la moralité, nous croyons que ce fait se produit dans tous les hommes qui jouissent de leurs facultés intellectuelles. Inutile de montrer le lien évident qui le relie à la religiosité. L'idée seule de sanction, qui accompagne nécessairement celle de loi, amène l'homme à regarder l'auteur de la loi morale comme capable d'influer sur sa destinée, et à admettre une vie future.

La voie nous est maintenant assez clairement tracée. Nous ne faisons pas ici un traité de philosophie; nous ne cherchons ni à établir la réalité de la vie future, ni à démontrer l'existence de Dieu ; nous n'étudions pas la nature intime de la moralité ; mais, partant des faits scientifiquement observés, c'est-à-dire de certaines convictions caractéristiques constatées dans toute l'espèce humaine, nous voulons montrer comment elles dépendent et procèdent de notre faculté de connaître. C'est le moyen de voir en quoi notre faculté diffère essentiellement de celle de l'animal, chez qui les mêmes convictions font entièrement défaut.

Il est évident d'abord que chacune d'elles exige la connaissance de l'existence substantielle. Car c'est à la cause substantielle comme telle, à l'agent proprement dit, que la première attribue la responsabilité de ses actions, et que la troisième attribue l'existence personnelle après la mort. Ces choses évidemment ne peuvent pas s'attribuer à des phénomènes, mais uniquement à des agents, à des substances. Quant à la seconde, en faisant reconnaître un pouvoir supérieur, capable d'influer sur la destinée de l'homme, distinct des phénomènes qui passent, distinct du monde visible, elle en fait également un agent auquel elle attribue cette existence permanente qui caractérise la substance. C'est donc grâce à la faculté, dont nous sommes doués, de connaître cette existence substantielle qu'il nous est possible d'avoir ces convictions. Sans cette faculté maîtresse, nous ne pourrions avoir ni moralité ni religiosité.

Mais il y a plus : ces convictions sont le produit naturel de la même faculté. Par elle, en effet, je sais d'abord que sous mes actions il y a leur auteur, cette cause que j'appelle *moi*, qui ne change pas avec elles, qui seule détermine ce qu'elles ont de volontaire. Il s'ensuit immédiatement, ou plutôt cela veut dire que, à mes yeux du moins, j'en suis responsable. Que si à cette première connaissance vient se joindre celle de l'existence d'un pouvoir supérieur invisible dont dépend ma destinée, c'est devant ce pouvoir aussi que je me sentirai responsable, et mes actions seront par moi jugées bonnes ou mauvaises suivant qu'elles me sembleront devoir lui plaire ou lui déplaire. Or, qu'il existe un pareil pouvoir, c'est encore une connaissance que j'acquiers, pour ainsi dire invinciblement, en vertu de ma faculté de connaître les causes substantielles. Pour le montrer, nous n'avons pas à refaire les démonstrations connues de l'existence de la cause universelle. Il suffit de rappeler ce que nous répétions au début de ce chapitre, que, l'existence permanente de la substance une fois connue, nous y voyons l'indispensable soutien de l'existence fugitive des phénomènes ; et que, par suite, nous la recherchons toujours, nous la supposons toujours, comme cause invisible, partout où celle-ci nous apparaît. Nous apprenons par là à chercher une cause substantielle à toute existence qui ne se révèle pas à nous comme nécessaire. Suivie avec rigueur et clarté, cette voie nous mènerait aussitôt à la vraie cause universelle. Tels que nous sommes, avec nos ténèbres et notre faiblesse, elle nous mène du moins à entrevoir une cause supérieure à toutes celles dont nous sentons immédiatement les effets, supérieure à nous-mêmes et dont notre existence dépend. Cette notion indécise peut souvent s'entourer de tous les nuages de l'erreur, mais elle ne peut complètement s'effacer et disparaître, et c'est elle que l'observation a constatée dans tous les groupes humains.

On voit ici qu'elle est un produit naturel et presque nécessaire d'une faculté essentielle à tous les hommes. Quant à la croyance que la décomposition finale de l'organisme ne met pas un terme à notre existence, elle résulte aussi naturellement de l'identité personnelle que nous nous reconnaissons malgré les continuels changements de nos actions et des phénomènes qui nous entourent : car nous sentons que ce phénomène organique qu'on appelle la mort ne peut supprimer une substance que tous les autres phénomènes laissent essentiellement inaltérée ; et, comme nous le disions tout à l'heure, cette conviction se confirme encore par l'idée de la sanction nécessairement attachée à notre responsabilité.

Ces arguments, il est vrai, ne permettent pas d'affirmer que la moralité et la religiosité sont un produit nécessaire et inévitable de la faculté de connaître les causes substantielles. Il serait donc absolument possible qu'un homme, doué de cette faculté, ne s'élevât pas jusqu'à ces conséquences immédiates des premières connaissances qu'elle lui fournit, surtout en ce qui concerne la religiosité. Mais nous pensons que c'est là un de ces possibles qui n'ont qu'une probabilité infiniment petite, et qui sont pratiquement irréalisables. L'expérience le montre bien. Chaque fois que l'athéisme est bruyant, il est certainement faux et n'est autre chose que la haine de Dieu ; quand il est silencieux et modeste, ce qui est très rare, on n'a qu'à l'interroger charitablement pour le voir se réduire soit à une religiosité réelle mais inconsciente, soit à des incertitudes, à des contradictions, à des alternatives de croyance et de doute. Telle a été de tout temps l'opinion d'observateurs impartiaux, de ceux-là surtout qui, comme médecins des consciences, ont souvent à sonder leurs plaies les plus secrètes. Il n'est pas d'ailleurs nécessaire d'être chrétien et orthodoxe pour oser l'exprimer. « Nous pouvons affirmer sans risque d'erreur, disait récemment M. Max Muller, qu'en dépit de toutes les recherches, on n'a nulle part encore trouvé d'être humain qui ne soit en possession de quelque chose qui lui sert de religion.... L'assertion qu'il y a des nations ou des tribus sans religion repose sur une observation inexacte ou sur une confusion d'idées. On n'a pas encore trouvé de nation ou de tribu dépourvue de la croyance aux êtres supérieurs, et les voyageurs qui affirmaient qu'il en existe ont été plus tard réfutés par les faits. Il est donc légitime de dire que la religion, au sens le plus général du mot, est un phénomène universel dans l'humanité... L'absence apparente de religion ne se manifeste que lorsque l'être humain tout entier est dégradé, c'est-à-dire seulement après une longue décadence dans laquelle l'abâtardissement religieux a produit une corruption morale qui, par réaction, a ruiné plus complètement la vie de l'âme. Donc la religion est indissolublement unie à la racine de la personnalité humaine. Elle est un fait inaliénable. Au sens le plus vrai du mot, l'homme ne cesserait d'être religieux qu'en cessant d'être homme. L'enquête historique et l'analyse s'unissent pour l'attester [1]. » Il faut évidemment et même *à fortiori* en dire autant de la moralité. L'homme ne cesserait d'être un agent moral qu'en cessant d'être homme ; l'enquête historique et l'analyse s'unissent pour l'attester. C'est dire que la moralité lui appartient essentiellement, en vertu de sa nature et de ses facultés.

Une autre conséquence résulte de cette enquête historique rapprochée de notre analyse, et c'est précisément la conclusion annoncée dès le début relativement aux animaux. En effet, si les animaux avaient comme nous la faculté de connaître les causes substantielles, ils devraient aussi présenter des phénomènes extérieurs de moralité et de

---

[1] Cité par le *Christianisme au XIXᵉ siècle*, journal protestant.

religiosité. De ce qu'ils n'en présentent jamais, il faut donc conclure qu'ils n'ont pas cette faculté.

Après les développements qui précèdent, cette formule n'a pas besoin d'explication ; mais elle peut susciter une objection qu'il faut prévenir. Chaque animal voit bien évidemment une différence entre lui et les autres. N'est-ce pas une distinction entre le moi et le non-moi ? Et pour distinguer ainsi ne faut-il pas connaître les substances proprement dites ?

Non, les manifestations nombreuses et pour ainsi dire continues de ce qu'on pourrait appeler l'égoïsme animal n'exigent pas cette explication. Dans l'homme, sans doute, la distinction du moi et du non-moi se fait au moyen de l'idée de substance ; bien plus, l'amour que chacun de nous a pour lui-même, quoique n'étant pas libre, est éclairé par cette idée ; car il se porte bien réellement sur la substance, sur la personne. Mais il faut répéter ici ce que nous disions plus haut à propos de la moralité. De ce que la conscience nous révèle comme se passant en nous, nous ne pouvons pas toujours conclure à ce qui se passe dans l'animal. Pour qu'une pareille conclusion soit légitime, il faut que les phénomènes observés n'admettent pas d'autre explication. Or, dans le cas qui nous occupe, il suffit, pour tout expliquer, de supposer qu'au lieu de se porter directement sur la substance, la connaissance et l'amour instinctif de l'animal se portent uniquement sur l'ensemble de ses phénomènes matériels, sur son organisme. Il distingue son organisme de tout le reste, il l'aime forcément, et cela suffit pour rendre raison de tout; aucun phénomène observé n'indique qu'il connaisse sa substance proprement dite, qu'il jouisse d'une véritable personnalité. Avec cet amour instinctif, qui chez lui tient lieu de ce qui est chez nous le véritable amour de soi, la connaissance des phénomènes matériels peut rendre compte de toutes ses passions, de tous ses actes volontaires. Ce serait donc dépasser l'observation que de lui attribuer davantage. L'absence de moralité et de religiosité démontre de plus qu'on tomberait dans l'erreur en dépassant ici l'observation.

La conclusion générale de ce chapitre est maintenant évidente et facile à comprendre : il y a entre l'animal et l'homme une différence essentielle. L'homme possède des facultés *sui generis* dont il n'y a pas de trace dans l'animal. Développez dans celui-ci jusqu'aux dernières limites la faculté de connaître les phénomènes matériels, son essence n'en restera pas moins inférieure à celle de l'homme. Quand il serait organisé de manière à voir clairement tous ces mouvements atomiques élémentaires qui échappent à nos sens et dont les combinaisons produisent tous les phénomènes de l'espace, il n'en continuerait pas moins à ignorer l'existence de la pensée et de la volition qui ne se composent pas de mouvements atomiques, il n'en continuerait pas moins à ignorer l'existence substantielle, il n'en serait pas moins privé de personnalité et de responsabilité, la connaissance de Dieu et de lui-même ne lui serait pas moins impossible. Il faut, pour s'élever jusque-là, des facultés qu'il n'a pas même à l'état rudimentaire, et ce sont de véritables facultés primordiales, qui ne se réduisent pas à d'autres par l'analyse, mais qui sont elles-mêmes les derniers éléments des facultés spécialement humaines. Dans le monde qui nous entoure, la suprématie de l'homme dérive de sa noblesse, et sa noblesse est incommunicable.

CHAPITRE IX.

L'ORIGINE ET LA FORMATION DES ORGANISMES.

Sommaire. — Limites de la question — Dans cette recherche scientifique, le chrétien est libre, le matérialiste ne l'est pas. — La doctrine qui nie l'exécution volontaire de plans intelligents remonte aux épicuriens. — Principaux faits invoqués aujourd'hui en sa faveur. — Pour la première organisation, cette doctrine, quand elle n'est pas absurde, est dénuée de preuves. — Et il y a contre elle deux faits importants. — Comment elle explique le développement de la série organique, d'après M. Wallace. — Réfutation de la partie principale de cette théorie par la discontinuité généalogique. — Réfutation de l'autre partie. - Doctrine contraire, démontrée par le calcul des probabilités. — La faculté de nutrition et de reproduction est due à l'intervention volontaire de forces intelligentes. — Il en est de même de la différenciation de la série organique en espèces. — Communications entre des groupes naturellement séparés. — A quels agents faut-il attribuer les forces organisatrices ?

Dans l'examen des principales questions qui se posent aujourd'hui sur les confins de la science et de la philosophie, nous avons dû réserver la dernière place à celle qui forme le sujet du présent chapitre. Ainsi le voulait l'enchaînement logique de ces questions. Malheureusement, quelque intéressante qu'elle soit en elle-même, il faut bien convenir qu'il n'en est guère de plus rebattue. Sans compter les ouvrages spéciaux, quelle revue ne l'a pas traitée à plusieurs reprises dans ces quinze dernières années? Transformisme, sélection naturelle, darwinisme, génération spontanée, science et philosophie mélangées, agrémentées d'exemples et de détails curieux, émaillées de noms latins de genres et d'espèces ; tout lecteur studieux en est aujourd'hui saturé, et nous risquons fort de voir ceux qui nous ont courageusement suivi dans toute notre longue inspection nous fausser compagnie à la dernière étape.

Un naturaliste peut encore, il est vrai, trouver sans trop de peine le moyen d'être original sur un pareil sujet. Toute recherche sérieuse en botanique, en zoologie, en paléontologie, lui fournira des faits nouveaux pour appuyer ou pour combattre les théories transformistes. Mais cette ressource nous manque ; et d'ailleurs nous serait-elle bien utile dans un chapitre où nous devons uniquement discuter les conclusions générales qui découlent de l'ensemble des faits? Quelque importants que soient les détails, l'ensemble l'est beaucoup plus à notre point de vue ; c'est lui que nous devons dessiner aussi exactement que possible, et il faut pour cela, non l'enrichir d'éléments nouveaux, mais le dégager des poussières et des brouillards qui, en plus d'un endroit, le dérobent à la vue et le recouvrent d'apparences trompeuses. Impossible autrement de bien établir les raisonnements inductifs qui seuls peuvent nous révéler l'origine des organismes vivants. C'est donc ce que nous tâcherons de faire, et peut-être cela suffira-t-il pour donner à quelques parties de ce travail un attrait de nouveauté.

Commençons par indiquer autour de la question certaines limites naturelles que l'on franchit parfois faute de les apercevoir. Et d'abord, elle porte exclusivement sur les organismes, c'est-à-dire, sur ces structures composées d'atomes, dans lesquelles se produisent les phénomènes matériels de la vie végétale et animale. Nous avons vu, aux chapitres VI et VII, que des actions volontaires, essentiellement distinctes des actions atomiques, se révèlent dans les phénomènes animaux, et nous obligent à reconnaître l'existence d'agents supérieurs aux substances atomiques. Dans les phénomènes végétaux nous n'avons rien trouvé d'analogue ; mais cette preuve négative, malgré sa grande valeur, n'autorise pas à conclure avec une certitude parfaite que ces phénomènes ne sont pas aussi gouvernés par de pareils agents. Qu'elles existent ou non, toutes ces substances supérieures sont complètement étrangères à la question actuelle ; l'origine dont il s'agit n'est pas la leur, mais uniquement celle des organismes atomiques livrés à leur activité. Dans cette plante, dans le corps de cet animal, les atomes sont arrangés, non comme dans les pierres et les métaux, comme dans les liquides et les gaz, mais de manière à former une machine extrêmement savante, capable de fonctions inconnues à la nature organique; d'où vient cet arrangement spécial? Telle est la seule question qui doive ici nous occuper

Question d'arrangement, de construction si l'on veut, mais non de création proprement dite. On pourrait parler de création, si les atomes du monde organique avaient une nature spéciale qui les distingue essentiellement des autres ; mais la chimie prouve qu'il n'en est rien ; bien plus, la physiologie végétale et animale nous montre qu'ils proviennent tous du monde organique et qu'ils finissent tous par y retourner. En passant d'un monde à l'autre, ils ne changent pas leur essence, mais seulement leur mode d'agrégation. Ils s'organisent de mille manières, et arrivent à former les organismes les plus divers. On demande uniquement quelles causes ont à l'origine déterminé leur organisation, quelles causes y ont introduit une telle diversité.

Remarquons en passant que c'est bien ainsi que le problème a été livré aux disputes des hommes dès la première page de la Genèse. Pour indiquer d'abord la première origine du monde, la Genèse emploie un mot spécial qui ne peut se traduire que par le verbe *créer*. « In principio *creavit Deus* cœlum et terram. » Mais ensuite, parlant de la naissance des plantes, elle les fait produire par la terre, c'est-à-dire par une matière inorganique préexistante : « *Germinet terra* herbam virentem et facientem semen, et lignum pomiferum faciens fructum juxta genus suum, cujus semen in semetipso sit super terram. Et factum est ita. Et *protulit terra* herbam virentem, etc. » Quant aux animaux, il semble qu'elle ait voulu distinguer entre l'organisme et l'agent volontaire, confier la *production* du premier aux eaux et à la terre, et réserver l'autre au *Créateur ;* car deux fois, et avec symétrie, elle assigne successivement ces deux origines. « Dixit etiam Deus : *Producant aquæ* reptile animæ viventis, et volatile super terram sub firmamento cœli. *Creavitque*

Deus cete grandia, et omnem animam viventem atque motabilem, quam produxerant aquæ in species suas, et omne volatile secundum genus suum... Dixit quoque Deus : *Producat terra* animam viventem in genere suo, jumenta, et reptilia, et bestias terræ secundum species suas. Factumque est ita. Et *fecit Deus* bestias terræ, etc. » Pour l'homme lui-même, bien qu'elle ait soin dès l'abord de ne mentionner que le *Créateur* (Faciamus hominem ad imaginem et similitudinem nostram... Et *creavit Deus* hominem ad imaginem suam : ad imaginem Dei *creavit* illum, masculum et feminam *creavit* eos), elle n'oublie pas de nous apprendre ensuite, au second chapitre, que l'organisme humain a été, comme les autres, formé d'une matière préexistante : « Formavit igitur Dominus Deus hominem *de limo terræ*, et inspiravit in faciem ejus spiraculum vitæ, et factus est homo in animam viventem. »

Je sais bien que nous ne devons jamais chercher dans la Bible les secrets de la science, car rien ne nous garantit qu'ils s'y trouvent. Les hommes que Dieu a chargés de l'écrire, ne semblent pas les avoir connus beaucoup mieux que leurs contemporains, ni avoir eu la prétention de les révéler à la postérité. Sans doute ces livres « écrits sous l'inspiration de l'Esprit-Saint ont Dieu même pour auteur » ; mais « comme tels, c'est à l'Église », et non directement aux particuliers, qu'ils sont adressés. Or, l'Église y recherche seulement ce qu'elle doit enseigner « dans les matières de foi et de mœurs qui font partie de la doctrine chrétienne [1] ». De quel droit voudrions-nous y découvrir des révélations scientifiques qu'elle n'a jamais songé à y chercher ? Ni la religion, ni les sciences naturelles n'ont rien à gagner à cette témérité. Si nous avons cité les quelques versets qui précèdent, c'est surtout parce qu'ils renferment à peu près tout ce qu'on peut alléguer pour mêler le dogme révélé à la question qui nous occupe, et que nous voulons protester contre un pareil abus. Dans ses limites naturelles, cette question est, à notre avis, entièrement libre. On verra bientôt que nous rejetons les doctrines transformistes, mais nous n'avons pour cela que des raisons purement scientifiques. Si beaucoup de leurs partisans sont irré-

---

[1] « Spiritu Sancto inspirante conscripti Deum habent auctorem, atque ut tales ipsi Ecclesiæ traditi sunt... Nos idem [Tridentinum] decretum renovantes, hanc illius mentem esse declaramus, ut in rebus fidei et morum ad ædificationem doctrinæ Christianæ pertinentium, is pro vero sensu sacræ Scripturæ habendus sit, quem tenuit ac tenet Sancta Mater Ecclesia. *Const. de Fid. cath.*, c. II.

ligieux, c'est qu'ils y greffent intempestivement des assertions matérialistes qui n'appartiennent pas à l'essence même du transformisme. Il y a des spiritualistes, il y a des catholiques qui admettent ce système sans aucun détriment de leurs convictions ni de leur foi. Croire que la matière s'est d'abord organisée spontanément, c'est-à-dire par l'action des seules forces atomiques qui produisent déjà tous les phénomènes inorganiques, que ces premières constructions se sont ensuite modifiées et développées par les mêmes actions, de manière à produire successivement tous les végétaux et tous les organismes des animaux ; c'est, pensons-nous, se tromper scientifiquement, mais ce n'est pas errer dans la foi, ce n'est pas contredire la doctrine révélée qui n'enseigne absolument rien sur ce sujet. Ceux qui disent le contraire ne l'ont jamais prouvé, soit qu'ils le disent pour défendre la religion, soit qu'ils le prétendent pour la combattre.

Le chrétien est donc ici parfaitement libre ; il peut se prononcer dans un sens ou dans l'autre, suivant les lumières que l'étude scientifique lui donnera ; mais il n'en est pas de même du matérialiste. N'admettant pas d'autre existence que celle de la matière, il est bien forcé de lui attribuer le pouvoir de s'organiser elle-même. Si les faits semblent parfois le contredire, tant pis pour les faits. Aussi tous les matérialistes instruits, sans aucune exception, sont aujourd'hui transformistes et même, nous le verrons bientôt, ils l'étaient déjà il y a plus de vingt siècles. Ils admettent tous que, en remontant suffisamment dans le passé, on arriverait à une époque où il n'existait aucun organisme ; que plus tard, dans des conditions encore inconnues, les atomes se sont agrégés pour former des organismes, rudimentaires mais durables; et que, dans les âges suivants, la sélection naturelle et d'autres causes analogues ont tiré de ces premiers germes toute la série des êtres vivants. Nous ne leur demanderons pas comment cela s'accorde avec leur éternité de la matière ; car nous avons plus haut démontré l'absurdité de ce dogme, et nous comprenons sans peine qu'un dogme absurde oblige ses fidèles à se contredire ; c'est tout naturel, puisque c'est nécessaire. Il nous suffit de constater ici qu'ils ne sont pas libres dans la question qui nous occupe ; malgré la science réelle de quelques-uns de leurs docteurs, cette remarque nous paraît ébranler quelque peu leur autorité.

Mais ne parlons plus d'autorité doctrinale en cette matière, et reconnaissons que les faits d'observation et d'expérience sont la seule base légitime des théories d'origine. L'aveu d'ailleurs n'a rien de décourageant ; il ne renvoie pas à un lointain avenir l'examen de la question. Depuis un demi-siècle, grâce aux travaux d'illustres naturalistes, les faits utiles se sont accumulés au point d'être même parfois un peu encombrants ; et déjà, qu'on veuille bien me pardonner la forme et le fond de ce jugement, ce qui manque le plus aujourd'hui, ce ne sont pas les matériaux, c'est la manière de s'en servir.

Quoi qu'il en soit, les savants de nos jours sont, à ce sujet, divisés en deux écoles opposées, tellement opposées qu'elles ne peuvent rien avoir de commun, parce qu'elles se séparent dès leur premier pas. Suivant les uns, l'organisation de la matière, la fabrication des organismes, ces machines naturelles, résulte comme celle de toutes nos machines artificielles, de l'exécution volontaire de plans intelligents. Suivant les autres, elle n'est que le produit nécessaire des forces atomiques, comme la formation des corps inorganiques, des planètes par exemple. C'est à la comparaison de ces deux doctrines que nous consacrons ce dernier chapitre.

La première est aussi ancienne que l'humanité, parce que, nous le verrons plus loin, elle se présente pour ainsi dire d'elle-même au sens commun. Mais la seconde n'est pas, quoi qu'on en dise parfois, un produit scientifique du dix-neuvième siècle. Vingt-trois siècles avant qu'on s'occupât de recueillir les faits sur lesquels on la fonde aujourd'hui, Empédocle la professa formellement ; et une école nombreuse, qui n'a jamais songé à faire la moindre observation scientifique, l'école qui porte le nom d'Épicure, en fit un de ses dogmes. Lucrèce, l'éloquent vulgarisateur de ces dogmes, nous a laissé de celui-ci une formule presque aussi précise et en même temps plus générale que les formules ordinaires des vulgarisateurs modernes.

« Non certes, dit-il, ce n'est pas à dessein et par une pensée intelligente que les atomes se sont arrangés chacun à sa place ; ils n'ont pas concerté d'avance leurs mouvements individuels. Mais changeant de mille manières, dans l'infini de l'espace et du temps, frappés et détournés par les chocs, essayant tous les genres de mouvement et d'assemblage, ils arrivent enfin à des arrangements comme ceux des choses qui composent notre univers ; lequel, doué de stabilité pour de longues années depuis qu'il est entré dans la période des mouvements qui lui conviennent, assure la restauration de la mer avide par l'eau courante des fleuves, la reproduction des végétaux par la terre qu'échauffent les rayons du soleil, l'épanouissement continu de nouveaux animaux, et la durée vitale des feux qui se consument au ciel [1]. »

Voilà bien clairement l'exclusion formelle d'une fabrication volontaire et d'un plan intelligent, même dans un sens que n'admettrait pas un transformiste croyant à la Providence. Voilà bien la formation de l'univers et de tout ce qu'il contient, sans en excepter les plantes et les animaux, livrée aux seuls atomes et à leurs actions mutuelles. Voilà en outre, par l'opposition entre les mille

[1] Nam certe neque consilio primordia rerum
Ordine se quæque, atque sagaci mente locarunt,
Nec quos quæque darent motus pepigere profecto,
Sed quia multimodis multis mutata, per omne,
Ex infinito, vexantur percita plagis
Omne genus motus et cœtus experiundo,
Tandem deveniunt in tales dispositures,
Qualibus hæc rebus consistit summa creata :
Et multos etiam magnos servata per annos,
Ut semel in motus conjecta est convenientes,
Efficit, ut largis avidum mare fluminis undis
Integrent amnes, et solis terra vapore
Fota novet fœtus, summissaque gens animantum
Floreat, et vivant labentes ætheris ignes.
  De rerum natura, lib. 1, v. 1020 seq.

changements et tâtonnements qui s'accomplissent d'abord dans l'espace et le temps infinis, et la stabilité qui se produit dans la période des mouvements convenables ou concordants, la première formule de la survivance du plus capable et de la sélection naturelle Si cette formule est encore un peu indécise, c'est qu'elle est plus générale que la formule moderne, et qu'elle n'est pas faite uniquement pour les organismes. Lucrèce, il est vrai, ne l'applique pas ici explicitement à la première organisation des corps vivants, mais seulement à la conservation actuelle de l'ordre établi ; ainsi le voulait l'ensemble du raisonnement dont ces vers font partie ; mais ailleurs, et notamment dans toute la seconde moitié du livre suivant, il affirme vingt fois sans la moindre hésitation la génération spontanée des plantes et des animaux qui découle de son principe.

Il n'a jamais essayé de démontrer ce principe, ni même d'en indiquer d'autres applications. Au contraire, les savants qui, de nos jours, ont adopté et vulgarisé la même thèse, l'ont corroborée par une foule d'applications séduisantes que nous nous garderons bien de dissimuler. Il est vrai que celles-ci portent toutes sur la partie la moins ardue de cette thèse, sur celle qui, supposant des organismes déjà formés, n'a plus à expliquer que leur transformation ou, suivant le mot consacré, leur évolution. Mais il faut convenir que la sélection naturelle appliquée à l'évolution répond assez heureusement à des questions aussi singulières et aussi diverses que les suivantes. Pourquoi trouve-t-on une analogie si frappante entre les animaux qui caractérisent aujourd'hui telle partie du monde, et les espèces éteintes dont on exhume les restes fossiles dans les mêmes régions ? Ces coïncidences sont nombreuses; donnons pour exemples les kangurous de l'Australie, les paresseux et les armadilles de l'Amérique du Sud. Pourquoi aussi ces ressemblances entre les espèces différentes qui peuplent des îles voisines, tandis que la divergence se montre dans les cas où la séparation des îles remonte à une haute antiquité ? M. Wallace en a donné de curieux exemples dans son *Malay Archipelago*. Pourquoi ces structures rudimentaires, complètement inutiles, n'ayant pour toute fonction que de représenter des organes qui sont importants dans d'autres organismes ? Exemples, les dents fœtales qui chez la baleine n'arrivent jamais à percer la gencive, et disparaissent dans l'adulte ; les petits os des ailes dans l'aptérix, ce singulier oiseau de la Nouvelle-Zélande. Pourquoi trouve-t-on parfois chez des genres très distants par la forme et les habitudes, des types essentiellement semblables, par exemple, chez la baleine et la chauve-souris, chez le papillon et la crevette ? Pourquoi des animaux qui arrivent à des degrés très différents de perfection finale, passent-ils cependant dans leur développement par une première série d'étapes communes ? Pourquoi, plus généralement dans tout le règne animal et dans tout le règne végétal, cette communauté de caractères qui sert de base aux classifications ? Pourquoi cet étrange phénomène de mimique qui donne à certains animaux ou à certaines plantes une ressemblance trompeuse avec des animaux ou des plantes qui n'ont d'ailleurs aucun voisinage d'affinité dans les classifications ? Il y a dans l'Inde un insecte qu'à première vue on prendrait pour une feuille qui marche ; la ressemblance est poussée jusqu'à l'imitation des blessures que font subir aux feuilles les insectes et les champignons. En revanche, on trouve dans les orchis des exemples, où la plante a copié des insectes tels que la mouche, l'abeille, l'araignée. On a signalé bien des cas de ces singulières ressemblances chez les oiseaux, les poissons et les papillons. Non seulement la sélection naturelle donne à toutes ces questions et à plusieurs autres des réponses satisfaisantes ; mais elle peut même fournir des indications pour les recherches futures, et mener du connu à l'inconnu. Elle a ainsi guidé les naturalistes à des découvertes qui, une fois bien constatées, ont formé de nouveaux arguments en sa faveur.

Ces faits, si nombreuse qu'en devienne la liste, si frappants qu'ils soient pour la plupart quand on les considère en détail, forment-ils une démonstration suffisante de la seconde doctrine, parce que celle-ci parvient à en rendre compte ? Nous ne parlons pas, bien entendu, d'une démonstration rigoureuse, mathématique, mais simplement d'une de ces inductions légitimes qui établissent une probabilité pratiquement équivalente à la certitude, et dont les sciences naturelles doivent ordinairement se contenter. A la question ainsi honnêtement posée, nous n'hésitons pas à répondre négativement ; et nous croyons qu'après nous avoir lu, on conviendra que nous avons pour cela d'excellentes raisons.

La thèse qu'il faudrait démontrer, renferme d'abord une partie négative. En faisant de l'organisation le produit nécessaire des seules forces atomiques, elle nie la coopération de forces volontaires et intelligentes. Il est vrai que tous ses partisans n'entendent pas cette négation de la même manière. Les uns admettent la Providence, et par conséquent l'existence d'un plan providentiel ; mais c'est là le seul rôle qu'ils attribuent à l'intelligence et à la volonté dans l'organisation de la matière. Suivant eux, l'état initial des atomes a été choisi par le Créateur, de telle façon que, par leurs seules actions mutuelles, sans aucune intervention volontaire comme celles qu'exige la construction de nos machines artificielles, ils durent dans la suite des temps s'agréger en organismes. Les autres, ce sont les matérialistes, nient carrément toute providence quelconque, ils nient la création, ils nient le Créateur, ils nient l'intelligence ; et, comme il ne leur reste alors que des atomes tourbillonnant dans le chaos, sans plan, sans but, sans cause, c'est au pur hasard des influences mutuelles, réglées par des lois nécessaires et aveugles, qu'ils sont obligés de confier la formation de toutes les merveilles organiques et inorganiques. Pour pallier l'irrémédiable impuissance d'un pareil système, ils ont l'infinité du temps et ce qu'ils appellent l'éternité de la matière. *Après* toute une éternité dépensée à tâter de tous les assemblages possibles, *omne genus motus et cœtus experiundo*, pourquoi, nous disent-ils, les atomes ne pourraient-ils pas être arrivés enfin *in tales disposituras ?* Qu'on lise tout ce qu'ils ont écrit depuis cinquante ans, on n'y trouvera pas une autre explication de l'origine première des organismes. Ils sont donc toujours, après plus de vingt siècles, dans le même nuage que Lucrèce, et nous les défions bien d'en sortir. Il serait superflu d'insister ici davantage sur la faiblesse de leur position, d'abord parce qu'au chapitre IV nous avons montré l'absurdité de leurs illusions sur l'infini, et ensuite parce que nous allons critiquer la thèse négative de leurs alliés spiritualistes, et qu'il est impossible d'abandonner celle-ci sans sacrifier *à fortiori* la leur.

Il est vrai que celle-ci n'implique aucune absurdité; car l'organisation de la matière, considérée, non dans la force intellectuelle qui en conçoit le plan, mais dans les forces matérielles qui l'exécutent, n'a rien qui dépasse la capacité naturelle des atomes. Dans les organismes végétaux et animaux où nous la voyons s'accomplir chaque jour, tous ses résultats, toutes ses phases semblent bien être des phénomènes aussi nécessaires que ceux du monde inorganique. Comme nous l'avons montré au chapitre VI, rien dans ces phénomènes chimiques, plastiques et mécaniques n'accuse la présence de forces volontaires, distinctes des forces atomiques. Si, là où nous l'observons, l'organisation nouvelle ne s'accomplit que par l'intervention d'une matière préalablement organisée, rien ne prouve *à priori* que cette intervention soit absolument indispensable. Il n'est pas absurde de supposer le contraire.

Il faudrait pourtant apporter autre chose que cette simple remarque, si l'on désire faire accepter la thèse. Il y a bien des choses qui ne sont pas absurdes, et dont cependant il serait ridicule d'escompter l'existence. Il n'est pas absurde, par exemple, qu'en réunissant au hasard un millier de caractères d'imprimerie, le compositeur produise précisément la page que j'écris en ce moment; mais j'aurais tort de l'espérer et, pour plus de sûreté, je prépare le manuscrit qui doit le guider. Dans le moindre petit organe, dans la moindre cellule vivante, il y a des millions d'atomes dont les arrangements compliqués défient, encore aujourd'hui et depuis longtemps, toute la perspicacité des savants; ce ne sont plus les simples dispositions géométriques des atomes en molécules, et les assemblages quelconques des molécules en corps gazeux, liquides ou solides; ce sont des structures mystérieuses, accomplissant des fonctions vitales supérieures à tout ce que nous savons imiter ou produire dans nos machines. Vous niez qu'une intervention intelligente, postérieure à la création, ait coordonné les éléments de ces structures. Quelle garantie nous donnez-vous donc que les atomes portent en eux, depuis leur état initial, l'influence du manuscrit providentiel où se trouve le plan de leur organisation ?

Cette garantie, nous la cherchons inutilement dans les écrits de vos docteurs. Le plus souvent ils évitent ce sujet ; et c'est en vain qu'on les y ramène ; ou bien ils le traitent en langage mystique : les limites de l'expérience ne sont pas celles de la nature ; il faut voir au delà des horizons scientifiques, etc. Ne demandez pas à ces illuminés de vous montrer ce qu'ils voient, ils vous diraient que c'est un mystère. M. Tyndall, par exemple, dans son célèbre discours de Belfast, après avoir constaté que « Darwin et Spencer glissent aussi légèrement que possible sur la question de l'origine de la vie », ajoute : « Il faut pourtant que la question se pose. » Quant à lui, voici la réponse qu'il y fait : « Abandonnant tout déguisement, je crois devoir vous le confesser, je remonte par la pensée *au delà des limites de la démonstration expérimentale*, et j'aperçois dans la matière, dans cette matière que par ignorance et malgré notre prétendu respect pour son Créateur nous avons jusqu'ici couverte d'opprobre, *la promesse et la puissance* de toutes les formes et de toutes les qualités de la vie..... Si l'on regarde jusqu'aux fondements, c'est *par l'opération d'un mystère insoluble* que la vie se dégage, que les espèces se différencient, que l'esprit se déploie, du sein de *ces éléments tout-puissants dans l'abîme du passé* [1]. » Voilà bien, en quelques lignes, la thèse clairement énoncée, et l'aveu au moins implicite qu'on ne saurait pas l'établir. Les atomes sont tout-puissants dans le passé lointain, car ils sont destinés à produire dans la suite des temps toute espèce de vie ; ils en ont reçu la promesse et le pouvoir. Nous tiendrons ici pour non avenue l'inconséquence matérialiste qui leur attribue par surcroît les germes de la vie intellectuelle ; elle n'est plus à réfuter dans ce chapitre. Nous deman-

[1] The origination of life is a point lightly touched upon, if at all, by Mr. Darwin and Mr Spencer.... But the question will inevitably be asked. ... Abandoning all disguise, the confession that I feel bound to make before you is that I prolong the vision backward across the boundary of the experimental evidence, and discern in that Matter, which we in our ignorance, and notwithstanding our professed reverence for its Creator, have hitherto covered with opprobrium, the promise and potency of every form and quality of life. ... Considered fundamentally, it is by the operation of an insoluble mystery that life is evolved, species differentiated, and mind unfolded from their prepotent elements in the immeasurable past.

dons seulement quelle est la preuve du reste. —
La preuve, répond M. Tyndall, elle est en dehors
de l'expérience, en dehors des faits connus ; mais
je l'aperçois au delà. Elle est là-bas, dans l'abîme
du passé, à l'état de mystère insoluble. — Vraiment, Darwin et Spencer étaient-ils si malavisés,
quand « ils glissaient légèrement sur l'origine de
la vie » ?

Nous pouvons cependant, moins timide que
vous, indiquer à l'intérieur des « limites de la
démonstration expérimentale », deux régions où
il ne serait pas déraisonnable de chercher la
preuve qui vous manque.

On a souvent exploré la première, et souvent
on a cru y trouver la preuve tant désirée. Nous
voulons parler de ces nombreuses recherches où,
en se plaçant dans les conditions en apparence
les plus favorables, on croyait voir se former de
toutes pièces certains organismes élémentaires.
Toujours, hélas ! l'impitoyable désillusion suivait de près l'erreur ; un habile expérimentateur
découvrait et faisait reconnaître par toutes les autorités scientifiques les légitimes ancêtres de ces
générations prétendues spontanées. On sait combien M. Pasteur a remporté de victoires dans ces
joutes célèbres ; mais un fait que nous ne pouvons

omettre, c'est que M. Tyndall lui-même s'est distingué sous le même drapeau. Toute cette intéressante histoire a été fort bien racontée par M. Proost sous le titre : *La doctrine des générations spontanées* [1]. Il en résulte que cette première région a été absolument ingrate dans le passé, et qu'elle ne promet pas beaucoup à l'avenir. Voyons ce qu'on trouve dans la seconde.

Là, on observe ce qu'on pourrait appeler les tendances naturelles, et l'on arrive parfois à les constater fort exactement. Qu'est-ce, par exemple, que la grande loi exposée au chapitre v et intitulée *Marche de l'énergie dans un sens déterminé* ? C'est, en réalité, la constatation d'une tendance naturelle des atomes à transformer de plus en plus l'énergie visible en énergie vibratoire, et à répandre celle-ci uniformément dans l'univers. C'est bien une découverte expérimentale ; car, si les principes et les calculs de la mécanique rationnelle contribuent à l'établir en même temps que les mesures de la physique, il ne faut pas oublier que la mécanique rationnelle est essentiellement fondée sur l'expérience. Or, depuis bien des années déjà, la chimie organique et la physiologie étudient de mille manières les grou-

---

[1] *Revue des questions scientifiques*, octobre 1879, p. 502 et suiv.

pements atomiques et leurs fonctions dans les organismes. Ont-elles découvert une tendance ou même simplement une aptitude naturelle des atomes à se grouper d'eux-mêmes en organes ? En ont-elles du moins aperçu quelque trace ? Non, elles ont plutôt découvert le contraire. Elles ont constaté que l'*instabilité* est un caractère général des structures organiques, caractère qui ne paraît pas accidentel, mais essentiel et indispensable pour leur fonctionnement. Comment admettre que les atomes peuvent converger d'eux-mêmes vers de pareilles agrégations, quand la seule tendance qu'ils y manifestent, clairement et toujours, est la disposition à s'en séparer? L'instabilité de ces assemblages nous semble bien plutôt un indice, presque une preuve, qu'ils sont le produit d'une influence étrangère à la nature atomique. Dans le cas d'un organisme qui se continue par nutrition ou par reproduction, on peut sans doute, comme nous l'avons fait plus haut, les attribuer à l'influence des organes déjà existants; mais dans l'organisation originale, où cette influence fait défaut, il ne reste à invoquer que de véritables forces *extérieures*, non atomiques, forces que la complication savante de leurs résultats nous obligera bientôt à ranger parmi les forces volontaires.

On voit pourquoi M. Tyndall regardait au delà des horizons scientifiques, quand il voulait voir la matière s'organiser spontanément. C'est que la science expérimentale n'a aucun égard pour les chimères et les chasse de son domaine. Qu'importe d'ailleurs, elle aura beau mettre ses faits à la portée du conférencier de Belfast ; il regardera par dessus. Pour lui l'organisation spontanée est un dogme ; cela ne se discute pas, cela se croit, c'est un mystère, et dans l'église matérialiste on ne se permet pas, comme dans l'église catholique, d'examiner les motifs de crédibilité. Mais ceux que n'enchaîne pas une foi aussi robuste ne verront dans ce dogme qu'une opinion tout à fait arbitraire, fort peu probable, presque condamnée, ou du moins bien compromise.

Cependant ils pourront encore conserver une partie de la thèse que nous critiquons ; et, tout en refusant au monde atomique la première formation des organismes, lui en attribuer le développement, comme nous lui en avons attribué la conservation. La plupart des savants qui patronnent aujourd'hui le transformisme semblent avoir adopté cette opinion moyenne. Darwin lui-même, dans la dernière édition de son ouvrage célèbre, attribue encore l'origine de la vie à l'intervention du Créateur. « Il y a, dit-il, une certaine grandeur à considérer la vie, avec toutes ses propriétés, comme ayant primitivement été donnée par le Créateur à un petit nombre de formes ou même à une forme unique, et à penser que, tandis que notre planète décrivait ses révolutions autour du soleil en vertu de la loi immuable de la pesanteur, un commencement si simple donnait et donne encore naissance, par voie d'évolution, à une série infinie de formes si belles et si admirables. » Réduite à ces proportions, la thèse peut invoquer en sa faveur de sérieux arguments, et supporter la discussion scientifique ; mais en revanche elle perd toute valeur aux yeux des matérialistes. M. Tyndall, qui le reconnaît, le reproche à Darwin sur un ton aigre-doux. « Si l'on se contente de diminuer le nombre des formes créées, dit-il, je ne vois pas ce qu'on y gagne. L'anthropomorphisme, que M. Darwin semblait vouloir écarter, se retrouve aussi bien dans la création de quelques formes que dans celle d'un grand nombre [1]. » — Non, vraiment, on n'y ga-

---

[1] With regard to the diminution of the number of created forms, one does not see that much advantage is gained by it. The anthropomorphism which it seemed the object of Mr. Darwin to set aside, is as firmly associated with the creation of a few forms, as with the creation of a multitude. *Prof. Tyndall's Address at Belfast.*

gne rien, sinon de rester dans « les limites de la démonstration expérimentale » ; mais est-il bien habile d'avouer ainsi que votre seule raison de franchir ces limites, c'est votre antipathie pour ce que vous appelez si ingénieusement l'anthropomorphisme ?

Contre la thèse ainsi réduite nous croyons avoir des arguments péremptoires ; mais, pour qu'on puisse les apprécier, il faut donner d'abord une juste idée, et de la doctrine à laquelle nous les opposons, et des raisons générales sur lesquelles elle se fonde. Cette tâche nous est singulièrement facilitée par un fort bel article, publié récemment dans la revue anglaise *The nineteenth Century* ; article qui a précisément pour but, comme l'auteur le déclare, « de permettre à tout lecteur intelligent, même s'il n'est pas naturaliste, de se former une idée claire de ce que signifie réellement l'origine des espèces par voie de sélection naturelle », et qui est signé Alfred R. Wallace [1]. Or on sait que M. Wallace fut, en même temps que Darwin, le fondateur de cette doctrine, que ses beaux travaux ont puissamment servi à la corroborer et à la répandre et que, s'il n'a pas acquis

---

[1] Nous n'avons pu nous procurer le texte anglais de cet article ; nous le citons d'après la traduction publiée dans la *Revue scientifique*, 17 janvier 1880.

la bruyante popularité de Darwin, c'est uniquement à sa modestie qu'il faut l'attribuer.

« Il me semble facile, dit M. Wallace, de répondre à tous ceux qui nient que les différentes *espèces* d'un même *genre* descendent d'une espèce unique, ou même que toutes les espèces et tous les genres d'une même *famille* proviennent d'un ancêtre encore plus éloigné. En effet, nous possédons des preuves directes et presque équivalentes à une démonstration complète que des changements, dans les limites que nous venons d'indiquer, peuvent être produits par les lois de variation connues et l'action constatée de la sélection naturelle. Mais si nous remontons plus haut, et que nous cherchions à expliquer par les mêmes lois l'origine des *familles* distinctes, des *ordres* et des *classes* d'animaux, les preuves deviennent bien moins claires et moins décisives. Nous trouvons certains groupes pourvus d'organes dont aucun rudiment n'existe dans d'autres groupes; nous trouvons des classes dont l'organisation diffère radicalement de celle des autres classes, et nous n'avons sur l'accomplissement actuel des transformations de ce genre aucune des preuves directes que nous possédons sur celui des transformations moins grandes qui donnent des espèces et des genres nouveaux. Malgré cela, il existe des preuves très fortes qui semblent démontrer que ces changements plus profonds et plus importants, dans la structure des êtres organisés, se sont opérés graduellement par la voie ordinaire de la génération. Les nombreux anneaux intermédiaires que l'on a découverts et dans les espèces existantes et dans les espèces éteintes, et surtout la ressemblance merveilleuse que l'on peut constater dans le développement embryologique des types vivants les plus divers, nous amènent forcément à conclure que le règne animal et le règne végétal tout entiers doivent les formes si diverses qu'ils nous présentent maintenant à une loi continue de *descendance avec modification* de quelques types primitifs. »

Ainsi donc, tous les organismes végétaux et animaux proviendraient « par la voie ordinaire de la génération » de quelques types primitifs, évidemment peu nombreux. Nous en trouverions la preuve à peu près irréfragable dans les « anneaux intermédiaires » et dans la marche du développement embryologique. Telle serait la règle absolument générale, indépendante de la profondeur et de la multiplicité des différences; seulement les différences, relativement faibles, qui séparent les espèces et les genres trouveraient leur explication complète et certaine dans les lois connues de la variation et l'action constatée de la sélection naturelle ; tandis que les différences, beaucoup plus importantes, qui séparent les familles, les ordres et les classes, seraient encore pour nous inexpliquées. Ces dernières peuvent dépendre, dit M. Wallace, « de faits et de lois que nous ne connaissons pas d'une manière certaine. Les noms de lois de *croissance,* lois de *développement,* lois d'*hérédité,* lois de *variation,* lois de *corrélation, action directe du milieu,* lois d'*habitude* et d'*instinct,* et quelques autres encore, sont employés pour exprimer l'action de causes qui nous sont presque aussi inconnues que la nature de la vie elle-même. » La seule conjecture qu'il se permette sur un point si obscur est que la même force inconnue qui actuellement fait naître, de cellules primitives apparemment identiques, ici un mollusque, là une grenouille, ailleurs un mammifère, pourrait bien avoir déterminé jadis la première apparition de ces différences ; et sans rien risquer de plus précis, il consacre tout le reste de son travail à la seule portion du problème qui lui paraisse aujourd'hui bien éclaircie, à l'origine des espèces et des genres. Essayons de résumer brièvement cette explication.

Tout changement de climat doit troubler l'équilibre qui s'était précédemment établi dans la faune et la flore d'un pays, et l'on conçoit sans peine que la disparition d'anciennes espèces et l'introduction de nouvelles en soient la première conséquence; mais une seconde conséquence, plus importante à notre point de vue, sera la transformation des anciens types organiques.

Pour le faire voir, M. Wallace montre d'abord que, contrairement à un préjugé fort général, il y a, même chez les animaux sauvages, de très grandes différences entre les individus d'une même espèce. D'après les observations et les mesures d'un naturaliste américain, M. J.-A. Allen, on trouve chez les oiseaux, dans une même localité, des différences *individuelles* étonnantes, dans la teinte générale et la distribution des couleurs et des taches, dans la taille et les proportions, dans la longueur de la tête, des pieds, des ailes et de la queue, dans celle de certaines plumes particulières, ce qui change la forme de l'aile ou de la queue, dans celle des tarses et des doigts, enfin dans la longueur, la largeur, l'épaisseur et la courbure du bec. Ces variations atteignent souvent le septième, le sixième, et parfois même le quart des dimensions moyennes. De plus, ces inégalités se superposent souvent d'une façon assez capricieuse. Les individus les plus grands n'ont pas toujours les ailes ou la queue les plus longues, et chez les plus petits ces parties ne sont pas toujours plus courtes. Les proportions des différentes parties de l'aile varient d'une manière tout à fait indépendante des dimensions absolues. La longueur d'un doigt n'est pas toujours dans le même rapport avec celle du tarse. Une longue tête accompagne quelquefois une aile longue et quelquefois une courte. La largeur du bec semble indépendante de sa longueur ou de celle de toutes les autres parties du corps. Des faits du même genre constatés sur des mammifères par le même naturaliste, permettent déjà de regarder comme un résultat d'observation ces inégalités individuelles qu'on devait s'attendre à trouver dans toutes les espèces, vu la grande complexité des influences auxquelles chaque organisme est soumis dans sa formation.

A ce premier fait il faut ajouter les suivants. Les grandes inégalités individuelles n'empêchent pas qu'à chaque espèce ne corresponde ordinairement un *type* bien déterminé, formé par la réunion des caractères moyens. Si, de plus, l'on essaye de ranger tous les individus de cette espèce d'après le développement plus ou moins grand d'un caractère quelconque, simple ou composé, on trouvera presque toujours que le développement moyen appartient à un grand nombre d'individus, tandis que des deux côtés les extrêmes sont représentés par des nombres plus petits. M. Wallace aurait pu invoquer ici les recherches anthropométriques et la *loi binomiale* de Quetelet. En représentant le développement du caractère par la longueur de l'*abscisse* et les nombres correspondants d'individus par celle de l'*ordonnée*, il trouverait dans chaque cas une courbe, ayant un maximum très prononcé vers le milieu, et s'abaissant à droite et à gauche avec une évidente symétrie. Tel serait le cas dans chaque région où, par suite de la constance du milieu, l'équilibre des espèces serait bien établi. Mais, il est au moins intéressant de le remarquer, le *type* lui-même varie avec les régions, même chez les espèces sauvages. Dans l'Amérique du Nord, suivant M. Allen, on voit les oiseaux de la même espèce devenir plus petits à mesure que l'on avance vers le sud, et plus grands à mesure que l'on remonte au nord. Pour les mammifères, leur taille diminue, quand on va, soit au nord, soit au sud, à partir d'une certaine latitude où elle atteint son maximum. Le bec de la plupart des oiseaux s'allonge à mesure qu'on va vers le sud, tantôt d'une façon relative, tantôt même d'une façon absolue; de sorte que, pour une espèce donnée, les oiseaux du sud, qui sont plus petits, ont le bec plus long que ceux du nord dont le corps est plus grand. Les couleurs des oiseaux changent de même avec la latitude et la longitude. Les plumages sombres deviennent plus foncés dans le sud; les raies, jaunes ou rouges, s'accentuent davantage, etc. Mais ces faits de variation géographique ont, à notre point de vue, moins d'importance que les précédents.

Ceux-ci, en effet, permettent de concevoir aisément comment un changement de climat, ou plus généralement un changement de milieu dans une région donnée, doit faire varier les formes organiques, de manière à produire, suivant M. Wallace, de nouvelles espèces et de nouveaux genres. Il peut arriver, nous dit-il, que les conditions physiques ou organiques particulières qui rendent une partie de la région plus favorable à une variété extrême, deviennent prédominantes. Celle-ci aura alors l'avantage, et se multipliera aux dépens des autres. « Si ce changement de conditions s'étend à toute la région qu'occupe l'espèce, cette seule forme extrême remplacera toutes les autres. Au contraire, si la région se trouve coupée en deux par un affaissement ou un soulèvement du sol, les conditions des deux parties pourront être modifiées en sens contraires, chacune devenant favorable à une variété extrême. Le type primitif de l'espèce s'éteindra bientôt, et sera remplacé par deux espèces, qui se distingueront l'une de l'autre par une réunion de caractères extrêmes qui d'abord existaient dans certaines variétés de l'espèce primitive. Les changements qui déterminent de telles sélections sont de nature très diverse, de sorte qu'il peut se former des espèces nouvelles qui s'écartent de bien des manières de la souche primitive. Le climat peut passer de l'humide au sec ou réciproquement ; la température peut s'élever ou s'abaisser pendant un espace de temps très long, ce qui nécessitera un changement correspondant dans la constitution, la fourrure, l'alimentation des animaux ; à ces exigences correspondra une sélection de variations de couleur, d'agilité, de longueur de bec ou de force dans les griffes. Il se peut aussi que des rivaux ou des ennemis arrivent d'autres pays, de sorte que l'avantage restera aux variétés qui peuvent changer de nourriture ou échapper à leurs adversaires par un vol plus rapide ou une vigilance supérieure. Plusieurs séries de changements peuvent s'opérer ainsi, tous déterminés par l'influence de conditions nouvelles ; et ainsi ce qui n'était d'abord qu'une seule espèce peut se transformer en un groupe d'espèces alliées, ne différant entre elles que par un certain nombre de caractères peu marqués, comme nous les voyons dans la nature. »

En d'autres termes, quand les milieux se modifient, la distribution des inégalités entre les individus ne peut plus rester la même ; celles qui autrefois étaient les moins favorisées, peuvent maintenant l'emporter, et elles l'emporteront graduellement par l'effet de la sélection naturelle. Les maxima se déplacent alors sur les courbes binomiales, et plusieurs maxima différents peuvent se produire sur chacune, grâce aux irrégularités du changement de milieu. Lorsqu'un nouvel équilibre sera enfin établi, les caractères correspondants à ces maxima pourront se grouper en plusieurs nouveaux types qui remplaceront l'ancien. A ces nouveaux types correspondent, suivant M. Wallace, de nouvelles *espèces*, si les caractères altérés n'appartiennent qu'à l'*apparence* comme, par exemple, la grandeur, la couleur ou les taches, la forme et les dimensions d'appendices superficiels, tels que les cornes, la crête, la crinière et les plumes qui servent d'ornement. Mais il ajoute que les inégalités individuelles, constatées par l'observation, portent aussi sur la forme et la *structure* des organes importants, tels que les dents, le bec, les pattes et les ailes, et que si ces dernières inégalités arrivent à se développer et à se grouper en plusieurs types, par le procédé qui vient d'être décrit pour les autres, les types correspondants appartiendront désormais à des *genres* différents. Presque toujours, suivant lui, ces types sortiront d'un groupe étendu et dominant, ils hériteront de la vigueur de leurs ancêtres et de leur facilité à s'adapter à de nouvelles conditions; ils pourront donc s'étendre avec le temps et se subdiviser en beaucoup d'espèces, traverser même plusieurs époques géologiques. Le plus souvent cependant une longue série de changements de milieu sera une épreuve à laquelle ils ne pourront résister et, leurs espèces s'éteignant successivement, ils finiront par disparaître.

Si nous ajoutons la remarque que l'extrême lenteur des changements de milieu et la grande mortalité annuelle qui équilibre la multiplication rapide des animaux donnent large carrière à l'influence de la sélection naturelle, nous aurons fort honnêtement résumé, sans l'affaiblir, le travail de l'illustre naturaliste. Il nous reste à le critiquer.

Commençons par la partie principale qui est évidemment cette ingénieuse explication de l'origine des espèces et des genres. Nous ne lui adresserons qu'un seul reproche, mais on verra que ce reproche est suffisant : Vous ne mettez dans vos prémisses que la variation des formes, et vous mettez dans votre conclusion la formation de nouvelles espèces; comme si les formes constituaient à elles seules tout ce qui est essentiel dans la notion de l'espèce. — Et cependant, au début même de votre article, vous reconnaissez le contraire, et vous donnez une importance prépondérante à un autre élément, à la descendance. Vous dites en effet : « Une espèce est un groupe d'animaux ou de plantes multipliant librement et reproduisant des êtres semblables à eux ; d'où il résulte que tous les individus d'une espèce, existant actuellement ou ayant autrefois existé, descendent d'un petit nombre de parents communs, ou peut-être d'un seul couple. Tous les chevaux, par exemple, — poneys des Shetland, chevaux de course ou chevaux de charrette, — ne forment qu'une seule espèce, *parce qu'ils s'accouplent librement ensemble et, nous le savons, proviennent de la même souche.* » Or, il est bien facile de montrer que, avec cette notion de l'espèce, on peut admettre toute la suite de variations morphologiques que M. Wallace a si bien décrite comme résultant des changements de milieu et de la sélection, sans admettre cependant la formation de nouvelles espèces, ni *à fortiori* de nouveaux genres. Il suffit d'en appeler aux plantes et aux animaux domestiqués, dont le milieu, grâce à l'intervention de l'homme, transforme beaucoup plus rapidement que celui des organismes sauvages. Nous y voyons souvent un type unique se diviser en plusieurs types, dont les différences caractéristiques ne portent pas seulement sur l'*apparence*, mais sur la *structure* d'organes importants. Le petit carlin, par exemple, a le crâne raccourci, le museau tronqué, le corps ramassé, quatre doigts seulement aux pattes de derrière ; le grand lévrier a le museau long, le corps élancé, et cinq orteils au lieu de quatre aux pattes de derrière [1]. Suivant la théorie transformiste de M. Wallace, le carlin et le lévrier constitueraient des espèces appartenant à deux genres différents ; suivant sa définition de l'espèce, que dans ce cas sans doute il ne songerait pas à abandonner, il faudrait les considérer comme deux « variétés » appartenant à la même espèce. Il y a donc contradiction entre sa théorie et ses principes.

Laissons ce genre d'argument qui semble ne viser qu'une théorie particulière ; nous pouvons sans crainte élargir notre critique. Tout en admettant que la sélection naturelle, avec les changements de milieu, peut et doit naturellement amener de nouveaux types organiques, nous prétendons que ni ce procédé, ni aucun autre résultant des seules

---

[1] Nous empruntons ce rapprochement à M. de Quatrefages.

actions nécessaires de la matière, n'ont produit d'espèces nouvelles ou, pour parler plus exactement, n'ont divisé une espèce unique en plusieurs espèces distinctes ; et nous allons démontrer cette assertion par des faits bien étudiés.

Mettant d'abord de côté toute discussion sur ce qui constitue essentiellement la notion de l'espèce, on reconnaîtra aisément le fait suivant. Sous le rapport des caractères morphologiques, il est possible de distribuer les organismes individuels en groupes, tels que les individus de chaque groupe aient entre eux une très grande ressemblance de caractères, et se distinguent nettement des membres de tous les autres. A chacun de ces groupes correspond un *type* organique, formé par la réunion des caractères moyens, et autour duquel tous les individus, avec leurs petites inégalités, se rangent régulièrement suivant la loi binomiale. Inutile de prouver qu'une pareille distribution est possible, puisque en fait elle existe dans les classifications de la botanique et de la zoologie ; seulement ici, pour ne rien préjuger et pour éviter toute confusion, nous ne donnerons pas le nom d'*espèces* à ces groupes, constitués uniquement par l'étude des caractères morphologiques ; nous les appellerons des *races*. On dira peut-être que la base de la classification est un peu vague et que, par suite, deux classificateurs différents pourraient bien arriver à des groupes différents. Nous répondons : Le second admettra peut-être plus de groupes que le premier, il *subdivisera* tel ou tel groupe de celui-ci ; mais jamais il ne détachera de deux ou plusieurs groupes distingués par l'autre des portions qu'il réunira lui-même en une seule race. Tel est le fait universellement reconnu. Il n'y a qu'une remarque à y ajouter. C'est qu'après le groupement général ainsi exécuté, il restera quelques individus non classés, en trop petit nombre cependant pour qu'on puisse en former de nouveaux groupes ; ils s'appelleront, suivant les cas, des *métis*, des *hybrides*, ou des *monstres*. Avant de caractériser leur position dans le monde organique, il faut rappeler des faits et des lois expérimentales, qui sont ici d'une importance souveraine. Les détails et les observations particulières qui leur servent de démonstration, et que nous sommes obligé de supprimer, le lecteur les trouvera, magistralement exposés, dans les ouvrages de M. Quatrefages, notamment dans deux leçons faites par lui au Muséum et publiées par la *Revue des cours scientifiques* [1].

---

[1] 9 janvier 1869, *Fécondité des métis et des hybrides*

Si la division de l'ensemble des organismes en races est poussée suffisamment loin, on peut dire que toujours, dans les conditions normales et à moins de maladies ou de lésions individuelles, l'accouplement de deux individus appartenant à *la même race* est fécond. Les nouveaux organismes, produits de cet accouplement, appartiennent aussi à la même race ; ils se rangent sous le même type.

L'accouplement de deux individus sains appartenant à *des races différentes* donne, suivant les cas, trois résultats nettement distincts, caractérisés respectivement par les trois mots : *métissage, hybridation, infécondité*.

Ce troisième résultat, tout à fait négatif, n'a pas besoin d'explication. Il se présente toujours, lorsque les types des deux races sont fort différents l'un de l'autre. Dans les deux autres cas, l'accouplement est fécond, mais les produits ne se ressemblent guère. Les *métis*, quels que soient d'ailleurs leurs rapports de forme avec les deux types de leurs parents, sont des organismes où l'on trouve l'équilibre normal entre les facultés qui servent à la conservation de l'individu et celles qui servent à la production de nouveaux organis-

chez les végétaux; et 23 janvier 1869, *Fécondité des métis et des hybrides chez les animaux.*

mes. Dans l'*hybride*, au contraire, ces dernières facultés sont toujours profondément atteintes, mais par une singulière compensation les autres sont souvent exaltées. Les *métis* sont aussi féconds que leurs parents, il n'est pas même rare qu'ils le soient plus. Leurs descendants seront aussi féconds qu'eux-mêmes, leur lignée peut être indéfinie et fonder un nouveau type de race. Les *hybrides* sont presque toujours inféconds; mais, s'il y a parfois quelques exceptions à cette règle, ce qui ne manque jamais c'est que la trace de leur descendance est fatalement condamnée à disparaître, soit par la stérilité absolue après un très petit nombre de générations, soit par le retour à l'un des deux types primitifs sans aucun souvenir du croisement. Il est d'ailleurs bien entendu que le métissage et l'hybridation ne se présentent pas au hasard et irrégulièrement. Entre deux *races* données, quand l'union n'est pas inféconde, il n'y a jamais qu'un de ces résultats, toujours le même, quels que soient les *individus* accouplés.

Les faits si brièvement résumés en lois sont une conquête certaine de l'expérience. Les conditions dans lesquelles on les a constatés sont trop variées, les observations sont trop nombreuses et trop régulièrement concordantes, pour qu'on puisse les regarder comme des cas fortuits ou exceptionnels. L'on est donc en droit de les généraliser par l'induction, et de les appliquer même aux races sur lesquelles il n'a pas été possible d'expérimenter ; en un mot, de les regarder comme des lois générales de la reproduction organique. Ces lois ont, pour le moins, autant de certitude et de généralité que les lois de *croissance*, de *développement*, d'*hérédité*, de *variation*, etc., dont nous parlait tout à l'heure M. Wallace, et il est évident qu'elles sont beaucoup plus précises. Il faut donc se résigner à admettre les conséquences nécessaires qui en découlent.

Elles nous permettent d'abord d'attribuer leur véritable importance aux quelques individus qui, on s'en souvient, n'ont pu entrer dans le groupement en races. Parmi eux, les métis qui ne forment pas encore de races sont généralement, par leurs caractères, intermédiaires entre deux races déjà constituées. On les appelle des *variétés*. Si leurs particularités ne se fixent pas, ils n'ont aucune importance dans la question du développement des types organiques ; si elles se fixent, c'est-à-dire, si elles se transmettent par l'hérédité et se répandent sur un grand nombre d'individus, les variétés deviennent de véritables races qui vont se placer à côté des autres. Quant aux hybrides, il est clair qu'ils n'exercent aucune influence sur le développement des types, puisque, en vertu des lois exposées, leurs particularités sont fatalement condamnées à disparaître ; et il en faut dire autant des monstres, organismes rares et isolés, dont les excentricités, résultant ordinairement d'une lésion, ne se transmettent pas.

Les mêmes lois nous permettent ensuite, et ceci est beaucoup plus important et plus général, de distribuer très nettement toutes les races en groupes *naturels*, auxquels nous réservons le nom d'*espèces*. Nous disons que deux types différents appartiennent à la même espèce, si leur accouplement dans des conditions normales donne lieu au métissage, et à des espèces différentes, s'il n'a pour résultat que l'hybridation ou l'infécondité.

Qu'on veuille bien le remarquer, cette définition de l'espèce n'exprime pas une simple convention ; elle exprime, parce qu'elle le suppose, un fait qui, comme les précédents, est parfaitement constaté par l'observation. Ce fait, qui complète la série des autres, en voici l'énoncé sous forme de théorème :

Soient A et B deux types différents dont l'accouplement mène au métissage, et C un troisième type quelconque. Si l'accouplement AC mène au métissage, il en sera de même de l'accouplement BC. Si l'accouplement AC mène à l'hybridation ou à l'infécondité, l'accouplement BC aura lui-même un de ces deux résultats.

L'espèce est donc un groupe naturel, nettement caractérisé par la fécondité qui est entière, quelles que soient les différences de formes, dans les rapports des individus qui le composent, et qui disparaît ou du moins n'a aucune conséquence durable entre ces individus et ceux des autres groupes. L'existence de l'espèce ainsi entendue est, on va le voir, un des faits les plus considérables du monde organique ; mais avant d'en déduire les conséquences, il convient de répondre à une difficulté qui se présente d'elle-même. L'accouplement est le criterium théorique qui nous permet de classer les races en espèces. N'est-ce pas un criterium illusoire dans la pratique, impossible à appliquer dans la plupart des cas ? Sans parler des races sauvages sur lesquelles nous ne pouvons expérimenter, quel service peut-il rendre dans la classification des races éteintes ? — Nous répondons que l'expérience appliquée aux organismes actuellement vivants permet d'établir, comme des lois au moins très probables, les rapports entre les différences morphologiques et la fécondité possible des unions ; et par suite, tout en accordant à celle-ci la priorité théorique, il sera généralement permis de lui substituer les formes dans la détermination pratique des espèces. Parfois sans doute la substitution laissera planer quelque incertitude, mais souvent aussi elle pourra se faire avec une extrême probabilité. Quoi qu'il en soit, les conséquences théoriques que nous allons déduire sont parfaitement indépendantes de l'application pratique des théorèmes à la classification.

La première est que les espèces du monde organique forment un ensemble qui, à un certain point de vue, est proprement et rigoureusement *discontinu*. Sans doute, au point de vue morphologique, il y a, entre les espèces, des affinités multiples et fort remarquables, quelque chose qui approche, si l'on veut, de la continuité ; nous reconnaissons le fait, et nous admettons qu'il a besoin d'explication ; mais au point de vue de la reproduction, les espèces sont absolument séparées. Tandis que les races les plus diverses dans une même espèce, comme le carlin et le lévrier, peuvent produire des métis indéfiniment féconds; les races les plus analogues par l'ensemble de leurs caractères, si elles appartiennent à des espèces différentes, comme le poney et l'âne, peuvent au plus donner des hybrides, ce qui pour le développement des types organiques équivaut à la stérilité. Il y a donc une enceinte infranchissable autour de chaque espèce et, par suite, il y a une discontinuité naturelle dans l'ensemble. C'est là aussi un fait avec lequel toute théorie doit compter, et que les transformistes actuels négligent complètement. Ainsi M. Wallace, dans le travail analysé plus haut, n'y fait pas même une lointaine allusion.

Une seconde conséquence, également nécessaire, est qu'une espèce n'a jamais qu'une seule ligne d'ancêtres, et ce fait permet d'attacher un sens précis au développement du type spécifique. Il n'en est donc pas des espèces comme des individus. Chaque organisme individuel a deux parents; ceux-ci en ont quatre, qui en ont eu huit, et ainsi de suite. Auquel de ces nombreux ancêtres à une époque donnée faudrait-il comparer l'individu actuel pour apprécier les changements que le temps a produits dans cet organisme? Pour l'espèce, la difficulté disparaît; car, l'union de deux espèces ne pouvant rien produire, jamais deux espèces n'ont de descendants communs; jamais, par conséquent, une espèce ne peut avoir deux ancêtres distincts et contemporains; elle n'a jamais qu'un ancêtre à chaque époque. Sa généalogie se *remonte* donc sur une seule ligne sans bifurcation; et pour étudier son développement, il suffit de comparer les types organiques qui la composent actuellement avec ceux qui la composaient à une époque quelconque.

La troisième conséquence, beaucoup plus importante pour l'histoire de la formation organique, est que cette généalogie spécifique se *descend* comme elle se remonte, sur une ligne sans bifurcation, c'est-à-dire, comme nous l'avons annoncé tout à l'heure, qu'une espèce n'arrive pas avec le temps à se diviser naturellement en deux ou plusieurs espèces distinctes. Il va sans dire que les transformistes actuels, tout en admettant sans trop de peine la conséquence précédente, n'admettent pas celle-ci. Suivant eux, en descendant la généalogie organique, on se trouverait au contraire très souvent devant de nouvelles bifurcations. L'histoire des organismes serait assez bien représentée par les nervures d'une feuille : à l'origine une ou plusieurs nervures en petit nombre ; chacune de celles-ci se diviserait et se subdiviserait de plus en plus, de façon que le nombre des lignes tendrait sans cesse à augmenter à mesure que les siècles s'écoulent ; cependant, ici et là, plusieurs s'interrompraient, représentant ainsi des espèces éteintes qui n'auraient pas laissé de descendants ; les autres, en continuant à se développer, arriveraient à la faune et à la flore actuelle. Telle est bien l'image qu'ils se forment ordinairement ; plusieurs peut-être n'hésiteraient pas à la compliquer encore, en y ajoutant des nervures transversales ; car il est bien des faits particuliers qui, résistant à l'explication par la sélection naturelle, doivent leur conseiller cette complication. On en trouvera des exemples vers la fin d'un discours de M. Broca à la Société d'anthropologie de Paris, publié dans la *Revue des cours scientifiques* [1]. Pour nous, au contraire, la vie d'une espèce se déroule, comme celle d'un individu, sur une seule ligne depuis sa naissance jusqu'à sa mort. A divers points, c'est-à-dire, à diverses époques, peuvent correspondre des caractères morphologiques différents, mais l'unité du sujet reste parfaitement accusée d'un bout à l'autre. Voici comment on peut le démontrer.

Il n'y a évidemment qu'une manière de concevoir qu'une espèce unique puisse naturellement engendrer deux espèces distinctes ; c'est d'admettre que deux de ses races puissent modifier suffisamment leur type pour devenir, par la suite des temps, incapables de métissage. Les faits autorisent-ils cette supposition ? Malgré toute l'étendue des variations de types que l'homme a pu observer

---

[1] 30 juillet 1870, *Le Transformisme*. — M. Broca était souvent, on le sait, tourmenté de préoccupations extra-scientifiques, et l'on en peut trouver plus d'une trace dans ce discours ; mais la partie à laquelle nous renvoyons ici est à peu près indépendante de ses préjugés.

et produire dans les végétaux et les animaux, toujours jusqu'ici elles ont été insuffisantes ; jamais on n'a encore observé ni produit une seule bifurcation d'espèce. Il faudrait donc admettre une *variabilité* plus grande que ne le justifient les variations observées. Eh bien! accordons cette variabilité indispensable et non démontrée; car les quelques milliers d'années sur lesquelles s'étendent nos observations, bien que leur influence soit multipliée par la sélection artificielle, sont peu de chose comparées à l'âge des organismes. Certains transformistes ont calculé qu'il faut au moins 50 000 ans pour amener une bifurcation. Mais qu'ils y prennent garde ; cette grande variabilité et ces longues périodes sont des armes à deux tranchants. Pendant qu'elles permettent aux deux races extrêmes de se séparer de plus en plus, elles développent aussi de plus en plus les races intermédiaires, et même elles tendent à assurer la prépondérance de celles-ci. Car il en est des types de races dans l'espèce, comme des individus dans la race. Exactement pour les mêmes raisons, dès qu'ils se multiplient, ils doivent se ranger suivant la loi binomiale, de façon que les types moyens soient toujours les plus importants, et que dans le développement général ils le deviennent de plus en plus. Au moment donc où les deux races extrêmes seront, par hypothèse, devenues incapables de produire entre elles le métissage, il devra exister une foule de races intermédiaires encore capables de le produire avec chacune d'elles. Et à supposer que le monde organique actuel résulte tout entier, comme les transformistes l'affirment, de séparations semblables, il devrait, au point de vue du métissage, présenter généralement le même genre de continuité qu'un fil de coton, où aucun brin ne s'étend d'un bout à l'autre, mais où cependant, chaque brin recouvrant en partie ses voisins, il n'y a aucune solution complète.

Entre deux races quelconques, A et F par exemple, incapables de descendance commune, on devrait trouver généralement une série d'autres races, B, C, D, E, dont les accouplements AB, BC, CD, DE, EF, produiraient le métissage. Telle devrait être, bien évidemment, la règle générale dans le monde organique actuel, si les espèces pouvaient se bifurquer naturellement. Et cependant le fait est là, patent, irrécusable : cette règle générale n'est pas même une exception. On ne connaît pas un seul cas où un même type ait produit des métis avec deux autres types incapables d'en produire entre eux. La série organique est, sous ce rapport, invariablement et parfaitement discontinue. Son fil de coton est coupé en autant de petits tronçons qu'il y a d'espèces.

Mais si les influences extérieures, les variations de milieu, avaient précisément pour effet de supprimer tous les intermédiaires? — Alors sans doute on aurait un cas admissible de bifurcation. Seulement, quelles sont ces influences, assez puissantes pour lutter toujours victorieusement, elles qui ne sont que des causes *accidentelles*, avec la cause *constante et intrinsèque* qui travaille sans cesse à rétablir les types disparus? Supposons que dans un pays désert, sur un sol convenable, il y ait un chêne isolé. Les glands qui en tomberont produiront de nouveaux chênes dans le voisinage, et peu à peu il se formera une forêt. Si de siècle en siècle on mesure la distance des deux chênes les plus éloignés l'un de l'autre, on verra cette distance augmenter toujours, pourvu qu'il n'y ait pas d'obstacle à l'extension de la forêt. C'est ainsi que nos deux races extrêmes allaient toujours en s'éloignant, parce que nous avions accordé une variabilité sans limites. Mais ces deux chênes les plus distants seront reliés par des intermédiaires. Pour faire disparaître ceux-ci, il faut une cause extérieure, un déluge, un incendie, une tempête, un tremblement de terre; et il faut que cette cause respecte les extrêmes. Admettons son intervention ; dès qu'elle aura faibli, la forêt éclaircie, qui possède une tendance intrinsèque à s'étendre en tous sens, produira de nouveaux intermédiaires et travaillera à rétablir la continuité. On peut bien admettre que, dans un cas particulier, elle n'y parvienne pas ; mais ce qu'on ne peut pas admettre, c'est que jamais dans aucun cas elle n'y réussisse. La règle générale, démontrée par le calcul des probabilités, c'est que les causes constantes et intrinsèques doivent l'emporter sur les causes variables et extérieures. Ce que les transformistes admettent, c'est que jamais une seule fois cette règle ne se vérifie dans le monde organique, et que, dans des milliers de cas, c'est l'exception absolument improbable qui s'est réalisée. Il n'y a, pensons-nous, qu'une seule manière de faire passer une pareille énormité ; ce serait d'inventer une nouvelle loi mystique qu'on appellerait : *loi de suppression des intermédiaires*.

C'est donc en vain que M. Wallace, en exposant l'explication transformiste de l'origine des espèces et des genres, ne nous en a montré que l'aspect séduisant. Cette explication était incomplète, puisqu'elle ne parlait que des formes et oubliait les lois de la descendance. Nous y avons adapté cette partie essentielle, et nous avons vu s'écrouler, non pas précisément l'explication tout entière puisque nous en gardons ce qui concerne la variation des types, mais la multiplication des espèces qui, malgré les confusions transformistes, n'est pas du tout la même chose.

Il nous reste à critiquer ce que M. Wallace dit de l'origine des familles, des ordres et des classes. Les différences morphologiques qui séparent ces groupes sont, il nous en prévient, beaucoup plus importantes que pour les espèces et les genres ; elles consistent souvent en organes qui ailleurs ne sont pas même représentés par des rudiments ; elles suffisent parfois pour constituer des organisations radicalement différentes les unes des autres ; et, pour qui ne veut pas se payer de mots, les faits actuellement connus sont impuissants à nous en expliquer l'origine. « Les noms de lois de *croissance*, lois de *développement*, lois d'*hérédité*, lois de *variation*, lois de *corrélation, action directe du milieu*, lois d'*habitude* et d'*instinct*, et quelques autres encore, sont employés pour exprimer l'action de causes qui nous sont presque aussi inconnues que la nature de la vie elle-même. » Malgré cela, suivant M. Wallace, il faut croire que ces changements si profonds et si importants dans la structure des êtres organisés se sont opérés graduellement par la voie ordinaire de la génération : « Les nombreux anneaux intermédiaires que l'on a découverts et dans les espèces existantes et dans les espèces éteintes, et surtout la ressemblance merveilleuse que l'on peut constater dans le développement embryologique des types vivants les plus divers, nous amènent forcément à conclure que le règne animal et le règne végétal tout entiers doivent les formes si diverses qu'ils nous présentent maintenant à une loi continue de *descendance avec modification* de quelques types primitifs. »

Ainsi donc, malgré des différences importantes et inexpliquées, il faudrait, ici encore, affirmer la parenté de groupe à groupe, parce que deux grands faits nous *amèneraient forcément* à cette conclusion. Examinons ces deux grands faits.

Le premier est la continuité morphologique qui, grâce à la découverte de nombreux anneaux intermédiaires, tend à s'établir de plus en plus dans la série organique. Mais d'abord cette continuité, en la supposant même plus parfaite qu'elle n'est en réalité, supprime-t-elle la discontinuité signalée plus haut? renverse-t-elle la barrière que l'hybridation et l'infécondité tracent autour de chaque espèce ? Au contraire, elle en met l'existence en plus vive lumière. Car enfin, malgré ce rapprochement progressif des types, malgré cette multiplication incessante des intermédiaires morphologiques, on n'a pas encore trouvé un seul intermédiaire généalogique, c'est-à-dire un seul type capable de métissage avec deux autres types qui en sont incapables entre eux. N'est-il pas évident que, plus les types se multiplient, plus cette absence complète d'une continuité qui devrait être la règle générale devient significative et péremptoire ? Nous y reviendrons tout à l'heure. En second lieu, comment le fait invoqué peut-il amener forcément la conclusion transformiste ? N'est-il donc capable que d'une seule explication ? Nous admettons que la parenté suffirait à l'expliquer; montrez-nous qu'elle n'est pas seulement suffisante, mais nécessaire. L'air de parenté est souvent trompeur, la continuité des formes peut avoir d'autres causes que la descendance. On retrouve l'un et l'autre dans une foule de choses où la descendance et la généalogie n'ont rien à voir ; ainsi les coutumes, les lois, les arts considérés à une même époque en des lieux différents, ou dans une même nation à des époques diverses, montrent, malgré les différences et les variations, une certaine gradation continue, tout à fait semblable à ce qu'on trouve dans la série organique. La continuité peut donc se rencontrer dans les productions de l'intelligence et de la volonté, aussi bien que dans les effets des causes purement matérielles. Il n'est donc pas impossible d'expliquer votre premier fait, tout en attribuant le développement des organismes à l'intervention de forces intelligentes et volontaires, et par conséquent ce fait, considéré isolément, n'amène pas forcément votre conclusion.

Le second fait est « la ressemblance merveilleuse que l'on peut constater dans le développement embryologique des types vivants les plus divers » ; et il convient d'en rapprocher la conjecture hasardée par M. Wallace, que les grandes différences entre les familles, les ordres et les classes devraient leur origine à la même force inconnue qui actuellement fait naître, de cellules primitives apparemment identiques, ici un mollusque, là une grenouille, ailleurs un mammifère. Admettons que ce fait ait toute la régularité et l'évidence qu'on lui attribue. Tout ce qu'on peut en dire, c'est qu'il s'harmonise aisément avec l'hypothèse d'une parenté réelle s'étendant, si l'on veut, des mollusques aux batraciens et jusqu'aux mammifères ; mais il ne démontre pas rigoureusement cette parenté, car il pourrait avoir une autre cause. Ici encore, on trouverait sans peine des faits analogues dans les productions volontaires de l'intelligence. Quand, par exemple, un écrivain crée un mot nouveau, il y réunit et y coordonne souvent à son insu de nombreux éléments réduits, pour ainsi dire, à l'état embryonnaire, mais dont un linguiste pourrait lui démontrer les origines diverses et les transformations successives. Quant à la force inconnue dont parle M. Wallace, si elle agit aujourd'hui sur « des cellules primitives apparemment identiques » ou sur les embryons gradués qui leur succèdent, elle opère évidemment dans des conditions fort différentes des conditions originelles. Il nous est même permis de ne pas admettre son intervention dans les phénomènes actuels ; car rien n'oblige à supposer qu'une force spéciale s'ajoute aujourd'hui aux forces atomiques des organismes générateurs pour la reproduction d'organismes semblables. Mais il n'en est plus de même pour la première production de formes nouvelles ; là, les organismes générateurs sont insuffisants, et nous admettons forcément le concours de forces étrangères. Seulement, pour des raisons que nous exposerons tout à l'heure, nous demandons ces forces à la catégorie des forces volontaires. M. Wallace serait-il du même avis ? Nous en doutons beaucoup ; mais en tout cas, il doit être bien entendu que, en refusant à la génération le pouvoir de distribuer la série organique en familles, en ordres et en classes, nous ne parlons que de la génération organique abandonnée à ses propres forces. C'est dans ce sens que la thèse est pour nous inadmissible, et que nous soutenons l'insuffisance des deux preuves invoquées par le savant anglais.

Raisonnement scientifique et raisonnement rigoureux sont souvent synonymes ; mais ils cesseraient de l'être, s'il était admis dans la science qu'une hypothèse est démontrée parce que deux faits généraux, plus ou moins précis, s'accordent assez bien avec elle. De quel droit, avec une telle logique, pourrions-nous par exemple exclure de la physique la théorie de l'émission ? Nous ne pourrions pas même rejeter de la chimie la vieille hypothèse du phlogistique. Il faut, pour que des explications heureuses arrivent à établir solidement une théorie, il faut que les faits expliqués soient nombreux et précis, qu'ils soient connus et expliqués jusque dans leurs détails, qu'ils résistent aux hypothèses contraires ; il faut en outre qu'il n'y ait pas de faits opposés, ou du moins qu'on puisse résoudre d'une manière satisfaisante les objections qui en résultent. Ainsi seulement les probabilités accumulées peuvent approcher de la certitude. Toutes ces conditions sont inutiles dans les sciences mathématiques, où les démonstrations se font *à priori;* mais dans les sciences naturelles, où l'induction suit une marche inverse, elles sont indispensables. Sont-elles vérifiées ici ? Nous ne voyons que deux faits, dont l'aspect général est sans doute favorable, mais dont les détails sont loin de s'expliquer aussi aisément ; deux faits qui, peut-être ou même probablement, peuvent s'expliquer dans d'autres hypothèses ; et nous connaissons des faits opposés dont on ne nous dit rien. Pourquoi, par exemple, grâce à ces nervures transversales dont nous avons parlé plus haut, les diverses généalogies essayées par les transformistes arrivent-elles à se contredire mutuellement ? Ainsi la plupart font descendre les oiseaux des ptérodactyles ; M. Huxley, au contraire, donne de très bonnes raisons pour faire des autruches et de toute la famille des struthionidées les descendants directs d'une autre classe de reptiles, les dinosauriens. Qu'on se prononce pour l'une ou pour l'autre hypothèse, on rencontrera toujours une objection à la généalogie dans un des trois faits suivants : les ressemblances entre les ptérodactyles et les oiseaux, ou entre les dinosauriens et les struthionidées, ou enfin entre les struthionidées et les autres oiseaux. Dans le discours déjà cité, M. Broca montre comment les deux rôles d'ancêtre et de descendant se renversent souvent selon les ressemblances que l'on considère [1]. Nous pourrions sans peine, grâce aux travaux des naturalistes, multiplier ici les objections non résolues ; une objection insoluble nous en dispense : les lois de l'hybridation et du métissage, qui s'opposent à la parenté réelle des espèces, s'opposent *à fortiori* à celle des groupes plus étendus.

Avant d'insister sur ce point, félicitons M. Wallace de la franchise avec laquelle il renonce au bénéfice des prétendues explications fondées sur les lois de croissance, de développement, d'hérédité, de variation, de corrélation, d'action directe du milieu, d'habitude et d'instinct, etc. Ces explications invoquent, selon lui, « l'action de causes qui nous sont presque aussi inconnues que la nature de la vie elle-même ». Et en effet, qui donc a jamais *mesuré* les effets de ces causes ? qui jamais a formulé ces lois d'une manière assez précise pour les soustraire aux applications arbitraires et contradictoires ? La science sérieuse, qui n'est pas jacobine, demande des lois sérieusement existantes, elle n'a que faire de vos décrets. Où allons-nous ? vous dira-t-elle ; voulez-vous

[1] *Revue des cours scientifiques*, 30 juillet 1870.

donc nous ramener aux beaux jours de l'horreur du vide ? La rigueur des démonstrations va-t-elle être remplacée par la plasticité des principes ? Est-ce pour cela qu'Épicure et les siens, malgré le ridicule et l'impuissance de leurs doctrines, sont appelés par vous « les chefs de la spéculation scientifique » ? Prenez garde ; vous vous préparez ainsi de faciles triomphes, et comme Lucrèce, après avoir exposé les plus incohérentes rêveries, vous pourrez vous écrier :

> Magni per cærula mundi
> Qua fieri quidquid posset ratione resolvi [1].

Mais que vaudra votre gloire, et qu'en dira la postérité ? L'histoire de vos « chefs » est là pour vous répondre.

Que ne prouverait-on pas avec des méthodes aussi élastiques ? On s'en est servi jadis pour bouleverser l'histoire ; on en concluait sans effort que Jésus-Christ n'avait jamais existé ; seulement elles démontraient avec la même rigueur que Napoléon Ier n'était qu'un mythe. On pourrait également, croyons-nous, démontrer par les lois transformistes que les trente et quelques pyramides anciennes, qui bordent à l'ouest la partie infé-

---

[1] *De rerum natura,* lib. V.

rieure de la vallée du Nil, n'ont eu ni maçons ni architectes, et qu'elles sont un produit naturel des sables du désert. On y vérifierait les lois de croissance et de développement; puis la variation, la corrélation, l'action directe du milieu expliqueraient la plupart des détails mystérieux qui ont jusqu'ici dérouté les égyptologues. Et vraiment, si un jour M. Piazzi Smyth parvenait à accréditer plus ou moins son système, qui fait de la grande pyramide une œuvre inspirée et prophétique, s'il y avait quelque danger de voir la Providence mêlée à l'histoire de ces constructions, nous ne serions pas étonné qu'au nom de la science on entreprît d'en démontrer la génération spontanée et l'évolution naturelle.

Revenons aux doctrines beaucoup plus sérieuses de M. Wallace. Nous avons cru devoir démontrer l'insuffisance de ses deux preuves ; mais il ne faut pas oublier que déjà, en critiquant sa théorie des espèces et des genres, nous avons établi des propositions absolument incompatibles avec ce qu'il affirme des familles, des ordres et des classes. Ces propositions peuvent se résumer ainsi : Le monde organique végétal et animal est, au point de vue de la reproduction, une série discontinue. Il se compose de groupes, appelés espèces, incapables d'augmenter leur nombre par des croisements. Une espèce proprement dite, considérée à une époque quelconque, n'a jamais qu'un seul ancêtre à chaque époque antérieure, et qu'un seul descendant à chaque époque postérieure. Sa généalogie se remonte et se descend sur une simple ligne sans bifurcation. La preuve de ces propositions se trouve surtout dans ce fait que jamais un type organique n'est capable de métissage avec deux autres types qui en seraient incapables entre eux. Et ce fait remarquable est une preuve péremptoire, parce que le fait contraire devrait être la règle générale, comportant tout au plus quelques rares exceptions, si les propositions précédentes n'étaient pas parfaitement exactes.

Il est bien évident que ces propositions excluent toute parenté naturelle, non seulement entre les espèces d'un même genre, mais *à fortiori* entre les genres, les familles et tous les groupes plus étendus. Les bifurcations, qui sont indispensables pour la parenté collatérale, n'existent naturellement qu'à l'intérieur de ces groupes fermés que nous appelons espèces, et elles n'y relient que des races capables d'augmenter leur nombre par des croisements. Les espèces forment toutes des nervures isolées et parallèles dont les origines ne se soudent pas à des nervures plus fortes et moins nombreuses. Pour le nier, il faut nier les lois du métissage et de l'hybridation, lois bien autrement précises et bien plus sûrement établies que toutes les lois du transformisme.

Mais, nous dira-t-on, que mettez-vous donc à l'origine de ces nervures que vous refusez de souder entre elles ? Si vous n'y mettez que des points d'interrogation, croyez-vous que l'esprit humain veuille s'en contenter ? Si vous y mettez l'action directe du Créateur, constituant de toutes pièces des milliers d'espèces, à côté ou à la suite mais indépendamment les unes des autres, que faites-vous des liens évidents qui rattachent entre elles toutes les parties de la série organique ?

Non, nous ne croyons pas que l'esprit humain se contente de points d'interrogation. Nous croyons, il est vrai, que le doute et l'ignorance valent mieux que l'erreur, qu'une théorie contredite par les faits doit être rejetée, lors même qu'on n'a rien de positif pour la remplacer ; mais nous ne pensons pas qu'on puisse laisser les faits nombreux réunis aujourd'hui autour de ce grand problème de l'origine des espèces, sans essayer au moins de les relier entre eux par une explication scientifique. Il faut sans doute être prudent, et ne pas imiter ces novateurs téméraires que nous venons de critiquer, qui pour expliquer un fait en contredisent un autre; mais si l'on reste fidèle à la logique des sciences naturelles, si l'on ne s'avance que par des inductions légitimes, on peut espérer que, là où les faits abondent, il se trouvera une théorie sérieuse capable de les relier. Notre premier pas dans cette voie sera franchement et sûrement posé. Vous demandez ce que, pour remplacer la descendance naturelle, nous mettons à l'origine de chaque espèce. Nous y mettons ce que Darwin lui-même et les transformistes les plus sérieux mettent un peu plus haut, *une intervention intelligente et volontaire.* C'est une thèse universellement reçue dans la première des deux écoles mentionnées au début de ce chapitre ; nous avons dit alors, qu'elle se présente pour ainsi dire d'elle-même au sens commun ; et nous allons immédiatement en esquisser la démonstration scientifique.

L'élément le plus important de cette démonstration doit être emprunté, non aux naturalistes, mais aux mathématiciens, parce qu'il appartient au calcul des probabilités. Il est vrai que, suivant un mot de Laplace, répété par Poisson, « la théorie des probabilités n'est, au fond, que le bon sens réduit en calcul », ce qui du reste concorde avec le nom de thèse de sens commun que nous venons de rappeler ; mais dans les sujets un peu compliqués, il est facile de s'éloigner du sens commun, et c'est ce que, d'après nous, ont fait les transformistes, en confondant la possibilité théorique avec la probabilité sérieuse. Ce qu'on peut faire de mieux pour réfuter ce genre d'erreur, c'est de recourir aux théorèmes et aux raisonnements, non pas simplement probables, mais absolument certains du calcul des probabilités. Il va sans dire que nous n'allons pas accumuler ici les définitions et les formules algébriques, et refaire les démonstrations qui se trouvent dans les traités spéciaux ; il nous suffira d'y renvoyer le lecteur désireux de vérifier les résultats que nous leur empruntons. Nous lui signalerons en particulier le célèbre ouvrage de Poisson, intitulé *Recherches sur la probabilité des jugements en matière criminelle et en matière civile* [1], et surtout les n°s 41 et 42, que la Table des matières résume ainsi : « Lorsqu'un très grand nombre d'événements sont possibles, et qu'ils ont tous, *à priori*, des probabilités égales et extrêmement faibles, on fait voir que l'arrivée d'un de ces événements, parmi ceux qui présentent quelque chose de *remarquable*, doit être attribuée très probablement à une cause particu-

[1] Paris 1837.

lière C, autre que le hasard, et analogue, par exemple, à la volonté humaine. Si les événements remarquables étaient, avant l'observation, beaucoup plus probables que les autres, la probabilité d'une cause C est beaucoup affaiblie, et elle peut l'être assez pour qu'il soit inutile d'y avoir aucun égard. »

En nous fondant sur les principes de cette théorie nous allons successivement démontrer les deux propositions suivantes :

1º C'est à l'intervention de forces intelligentes et volontaires qu'est due la faculté de nutrition et de reproduction qui, sous des formes diverses, se manifeste dans toute la série organique.

2º C'est à l'intervention de forces intelligentes et volontaires qu'est due la différenciation de cette même série en espèces, et par suite en genres, en familles, en ordres, en classes et en règnes.

Les chapitres précédents nous dispensent de dire ici ce qu'il faut entendre par ces forces qui, pour être intelligentes et volontaires, n'en sont pas moins des forces mécaniques, agissant sur des masses matérielles. Nous avons déjà étudié des forces de ce genre dans l'homme et les animaux. Après avoir établi nos deux théorèmes, nous essayerons de préciser davantage, en passant de la force à la substance dont elle exprime une faculté.

La probabilité d'une intervention volontaire est particulièrement facile à calculer avec exactitude lorsque l'événement *remarquable* consiste dans un arrangement particulier de divers objets. Supposons, par exemple, qu'il y ait sur une table vingt-six cartes marquées chacune d'une des vingt-six lettres de l'alphabet. Trois de ces cartes sont rangées à part et forment le mot OUI. Vous soupçonnez immédiatement que cet arrangement est intentionnel, c'est-à-dire que la personne à vous inconnue qui a juxtaposé ces trois lettres savait lire et a voulu représenter ce mot. Cependant il vous sera aussi possible d'en douter, et vous reconnaîtrez qu'elle peut très bien avoir réuni les cartes au hasard, parce qu'après tout il n'y a que six arrangements possibles de ces trois lettres. Le calcul est ici d'accord avec le sens commun; car on trouve que la probabilité d'un arrangement intentionnel est dans ce cas de $\frac{6}{7}$; c'est-à-dire que l'on peut parier six contre un pour l'affirmative : et par suite il y a une chance sur sept pour la négative.

Mais au lieu de 3 lettres rangées à part, supposons que vous en trouviez 10 formant le mot ABSOLUMENT. Ici, vous n'hésiterez plus et vous affirmerez, sans crainte d'erreur, que l'auteur de cette juxtaposition savait lire et a voulu former le mot français que vous lisez. Tout en reconnaissant que le contraire est théoriquement possible, vous ne le regarderez pas comme pratiquement réalisable. Et, en effet, dans ce cas le calcul montre qu'il y a 3 628 800 à parier contre 1 en faveur de votre conclusion ; du moins, en supposant que les mêmes dix lettres ne peuvent pas, en se combinant autrement, former d'autres mots significatifs. La chance de vous tromper est égale à celle que l'on aurait d'extraire une boule noire en plongeant une fois au hasard dans un vase énorme où elle se trouverait, seule de son espèce, avec 3 628 800 boules blanches. On voit qu'il a suffi d'augmenter un peu le nombre des lettres qui forment l'arrangement remarquable, pour passer d'une probabilité ordinaire à une certitude pratique.

Donnons un troisième exemple, considéré par Poisson, et où cette influence du nombre des lettres devient encore plus frappante. Les 26 lettres se trouvent juxtaposées sur la table, précisément dans l'ordre alphabétique. Dans ce cas encore et *à fortiori*, vous n'aurez pas le moindre doute sur l'intention de la personne qui les a ainsi rangées. « Cependant, dit Poisson, cet arrangement n'est pas en lui-même plus improbable que tout autre qui ne nous présenterait rien de remarquable et que, pour cette raison, nous n'hésiterions pas à attribuer au seul hasard. Si ces 26 lettres devaient être tirées successivement et au hasard, d'une urne où elles seraient renfermées, il y aurait la même chance qu'elles arriveraient dans l'ordre naturel, ou dans un ordre déterminé d'avance, comme celui-ci *b, p, w,... q, a, t*, que je choisis arbitrairement ; cette chance serait aussi petite, mais pas moindre, pour le premier arrangement que pour le second. » Je ne sais si le lecteur se figurera aisément la petitesse de cette chance, en apprenant que la fraction qui la mesure est inférieure à l'unité divisée par 4×10^{26}, c'est-à-dire par 4 suivi de 26 zéros. Mais pour calculer exactement la chance que l'on a de se tromper en affirmant dans le cas présent une intervention intelligente et volontaire, il faudrait connaître le nombre, relativement fort petit, des arrangements qu'on peut appeler remarquables parmi le nombre immense des arrangements possibles avec nos 26 lettres. Ces arrangements remarquables seront, comme dit Poisson, « ceux où ces lettres se trouveront disposées, soit dans l'ordre alphabétique, ou bien ceux où elles formeront une phrase de la langue française, ou d'une autre langue. » On comprend que nous ne perdions pas notre temps (il faudrait plutôt dire notre éternité) à chercher le nombre exact de ces cas exceptionnels ; mais comme, en augmentant, ce nombre tend à diminuer la grande probabilité que nous cherchons, nous ferons libéralement les choses et nous admettrons qu'il se trouve compris entre six et sept cents. Malgré cette exagération, la probabilité de ne pas se tromper en affirmant que, dans ce cas, l'ordre alphabétique a été produit intentionnellement, ne diffère de l'unité (qui représente la certitude absolue), que d'une imperceptible fraction, dont le numérateur est 1 et le dénominateur 620 sextillions. On ne se figure pas aisément de pareils nombres ; mais imaginons un sable dont le grain aurait pour diamètre moyen un quart de millimètre, de sorte qu'un centimètre cube renferme 64 000 de ces grains ; et supposons que l'Europe tout entière, avec ses 9 808 300 kilomètres carrés, soit couverte d'une couche de ce sable ayant un mètre de hauteur. Dans cette masse énorme de silice, on nous dit qu'il y a un grain unique en carbone pur ; mais sans nous dire s'il est en Russie, en Suède, en Angleterre, en Espagne, en Turquie, ou ailleurs, et l'on nous propose d'extraire ce tout petit diamant du premier coup, en choisissant au hasard dans le tas. Si nous espérions réussir, nous serions tout juste aussi raisonnables qu'en craignant d'affirmer que l'arrangement alphabétique des 26 lettres est intentionnel ; car, le calcul le montre, la probabilité du succès dans un cas est exactement égale à la chance d'erreur dans l'autre.

Le calcul numérique de ces trois exemples suffira pour la démonstration que nous avons en vue. Ils ont un caractère commun, c'est que les arrangements *remarquables* ne sont pas, en eux-mêmes et abstraction faite de l'intervention volontaire, plus probables que les autres ; c'est pour le bien faire voir que nous avons cité les paroles de Poisson dans le troisième exemple. Il faut toutefois se garder de croire qu'il en est toujours ainsi. L'astronomie, la physique, la physiologie nous présentent, dans leurs phénomènes, une foule d'*événements remarquables* qui ne nous font soupçonner aucune intervention volontaire ; mais aussi ces événements, soit parce que nous en connaissons les causes physiques et nécessaires, soit parce que leur reproduction régulière nous fait au moins soupçonner de pareilles causes, soit pour tout autre motif, sont pour nous, avant leur réalisation, beaucoup plus probables que leurs contraires. Dans ces cas, comme nous en avertit le résumé du grand géomètre cité plus haut, les formules montrent que la probabilité d'une cause volontaire est fort affaiblie, et qu'elle peut devenir tout à fait insignifiante. C'est là un correctif qu'il ne faut pas oublier.

Il y a, dans la légende de saint Grégoire VII, une anecdote que les exemples précédents nous rappellent. Baronius rapporte [1], sans citer clairement aucune autorité contemporaine, que le jeune Hildebrand, à un âge où il n'avait encore aucune connaissance de l'alphabet, arrangea à terre, dans l'atelier d'un charpentier, des éclats de bois et des copeaux de façon à former ce passage du psaume 71 : *Dominabitur a mari usque ad mare.* En appliquant les principes à cet arrangement de 27 lettres, sans même considérer ce que la formation de chacune d'elles offre de remarquable, il faut conclure à un choix intelligent ; et pour ma part, si je regardais le fait comme authentique, je n'hésiterais pas à dire avec Baronius, que Dieu conduisait la main de l'enfant ; je ne demanderais pour cela que des témoignages capables de soutenir la critique historique. D'un autre côté, les libres penseurs, qui rejettent *à priori* toute intervention surnaturelle, déclarent l'anecdote apocryphe sans aucun examen, parce qu'à leurs yeux, comme aux nôtres, elle exigerait indubitablement

---

[1] *Annales ecclesiastici*, 1073, XIII.

une pareille intervention. Ils admettent donc ici cette théorie des probabilités qui, après tout, n'est que « le bon sens réduit en calcul ». Nous allons voir qu'ils y renoncent ailleurs.

En effet, s'ils n'y renonçaient pas, ils admettraient notre première thèse, dont la démonstration résulte maintenant, sans aucune objection possible, des trois faits suivants, incontestables et même incontestés :

La faculté de nutrition et de reproduction, qui se manifeste à tous les degrés de la série organique, dépend d'un *arrangement* spécial des atomes.

Cet arrangement appartient à la classe des arrangements *remarquables*.

Il est loin d'être plus probable *à priori* que les autres arrangements possibles.

Consacrons un paragraphe à chacun de ces trois faits.

Le lecteur se rappelle peut-être ce que nous disions au chapitre VI en abordant l'étude des phénomènes d'organisation : « Nous voyons bien, dans les organismes qui fonctionnent, de nouveaux organes se former sans cesse pour remplacer les anciens, nous voyons même naître de nouveaux organismes qui bientôt fonctionnent indépendamment de leurs parents ; mais quels sont les éléments et les étapes successives de ces formations? La physiologie, qui sans doute finira par le dire, est encore bien loin de cette perfection. L'analogie même ne peut nous guider ; car dans les corps bruts les phénomènes plastiques tels, par exemple, que la cristallisation, sont relativement très simples. Ni les résultats, ni les circonstances dans lesquelles ils se produisent ne peuvent se comparer aux mystères de la nutrition et de la génération dans les corps vivants. Les premiers s'accomplissent, pour ainsi dire, spontanément, libres de toute influence perturbatrice ; dans les seconds, les déplacements des molécules sont gouvernés par *des appareils compliqués qui nous sont à peu près inconnus.* » C'est précisément de ces appareils compliqués que nous recherchons la première origine. Leur fonctionnement nous montre que la complication n'exclut pas la régularité, ils sont donc bien le résultat d'un arrangement; et comme les corps inorganiques n'ont rien de pareil, nous avons le droit de parler d'arrangement spécial. Il est vrai que les savants ne sont pas d'accord sur les conditions de leur action. Les uns pensent que ces appareils ne fonctionneraient pas sans le concours d'une certaine force extra-atomique qu'ils appellent *force vitale*, les autres pensent comme nous que leurs forces atomiques suffisent pour leurs effets de nutrition et de génération. Mais cette divergence n'a ici aucune importance, car tout le monde reconnaît que, suffisants ou non, ils sont du moins nécessaires. Il est donc vrai de dire que la faculté de nutrition et de reproduction dépend d'un arrangement spécial des atomes. Nous n'ajouterons qu'une seule remarque. Les atomes arrangés ne sont pas, comme les lettres de nos exemples, au nombre de 3, de 10, de 26 ; dans l'organe le plus élémentaire, dans la plus simple cellule, les atomes peuvent à peine se compter par millions. On comprend l'importance de ce fait, si l'on se rappelle l'influence du nombre des objets arrangés sur la certitude de la conclusion.

Un arrangement qui amène de pareils résultats peut à bon droit être appelé remarquable. Il l'est d'autant plus que, depuis des siècles, il a excité la curiosité des hommes et défié la sagacité des savants. C'est en vain que la médecine, depuis Hippocrate jusqu'à nous, a cherché à le deviner. La physiologie elle-même, avec tous les appareils dont elle s'est enrichie de nos jours, n'a fait encore que tourner autour de ce problème. Elle commence à nous expliquer les réactions chimiques qui s'opèrent dans la nutrition, mais elle ne nous dit pas comment sont faites les cellules qui déterminent ces réactions. Elle ne nous dit pas surtout, pour rappeler une phrase de M. Wallace, comment il se fait que, de cellules primitives apparemment identiques, il naisse ici un mollusque, là une grenouille, ailleurs un mammifère. La physique et la chimie ont pénétré mille fois plus avant dans le monde inorganique. Elles sont arrivées jusqu'aux molécules et jusqu'aux atomes pondérables et impondérables. La physiologie est encore aujourd'hui arrêtée devant la cellule. Une pareille impuissance est un argument qui à lui seul suffirait pour classer parmi les arrangements remarquables ces constructions mystérieuses. Si un jour elle disparaît, la science qui lui succédera fournira sans nul doute un argument encore plus péremptoire. Nous en avons dès aujourd'hui pour garants la grandeur et la complication des effets dont nous savons que ces constructions sont les causes.

Impossible d'ailleurs de soutenir que l'arrangement des atomes en éléments histologiques et en organismes est, dans les conditions supposées par notre thèse, plus probable *à priori* que les autres arrangements. Il ne s'agit pas ici, en effet, de la formation d'une cellule au moyen d'autres cellules, de la formation d'un organisme au moyen d'organismes semblables. Nous parlons de la première production des arrangements, non de leur continuation. Nous avons dit assez clairement ce que nous pensions de celle-ci, en traitant de la nutrition et de la génération telles qu'elles s'opèrent journellement dans les organismes déjà constitués ; là, les arrangements remarquables ont leurs causes physiques qui nous sont, comme telles, suffisamment connues ; ils sont, avant leur réalisation, non seulement plus probables que leurs contraires, mais pratiquement certains. Aussi, loin d'y faire intervenir une cause intelligente et volontaire, nous n'y mettons pas même la force vitale, aveugle et inconsciente, qu'invoquent certains savants. Mais la question change complètement dès qu'il s'agit de la production primitive. Des faits que nous avons déjà mentionnés montrent clairement que, dans cette première réalisation, l'arrangement remarquable, loin d'être *à priori* plus probable que les autres, est au contraire beaucoup moins probable. N'est-ce pas, au fond, ce qu'ont démontré sans le vouloir les savants qui, en se plaçant dans les conditions les plus favorables, ont si souvent essayé en vain de faire naître un pareil arrangement ? N'est-ce pas surtout ce que démontre le fait si général de l'instabilité des molécules organiques ? Ne faut-il pas en conclure que, loin d'avoir une tendance naturelle qui rendrait leur organisation plus probable *à priori*, les atomes ont une tendance opposée qui rend l'arrangement organique beaucoup plus difficile à réaliser, et par conséquent moins probable ?

Il n'y a donc pas moyen de nier notre première thèse, si l'on ne veut pas se brouiller avec le calcul des probabilités et avec le sens commun. La formule de cette thèse a été choisie de façon que la conclusion ne dépasse pas les prémisses. Elle parle d'intelligence et de volonté, parce que seule l'intelligence peut remarquer ce qui est *remarquable* dans un arrangement non réalisé, et que seule la volonté peut le choisir à cause de cette remarque. Mais elle ne dit pas que cette intelligence et cette volonté soient celles du Créateur, parce qu'il ne s'agit pas, dans les prémisses, de créer des substances, mais seulement d'arranger d'une certaine façon des atomes existants. C'est pour éviter de préjuger si peu que ce soit la nature de ces deux puissances, que nous avons employé le mot de *force*. Ce mot, nous l'avons défini au chapitre II. Il ne représente en mécanique qu'une cause de mouvement matériel, considérée comme telle, abstraction faite de la substance à laquelle elle appartient. C'est bien de cela qu'il s'agit ici, car on ne peut arranger des atomes sans mettre en mouvement des masses matérielles.

En comparant cette démonstration à ce que les positivistes, depuis Épicure jusqu'à nos jours, apportent en sens contraire et dont ils se contentent, on ne peut s'empêcher de prendre en pitié la faiblesse de leur raison, de leur faculté de raisonner. Ils en sont toujours aux quatre vers de Lucrèce :

> Ex infinito vexantur percita plagis,
> Omne genus motus et cœtus experiundo ;
> Tandem deveniunt in tales disposituras,
> Qualibus hæc rebus consistit summa creata

Si pourtant on songe à leurs nombreuses inconséquences, ce qui paraît le plus frappant, c'est la légèreté de leurs convictions. Ainsi ils n'hésitent pas plus que nous à déclarer que telles et telles entailles grossières sur un morceau de silex accusent un travail intentionnel, et ils ne voient absolument rien d'intentionnel dans les innombrables merveilles du monde organique. Ils regardent avec nous comme pratiquement impossible que les 27 lettres du jeune Hildebrand se soient réunies au hasard, et ils ne font pas difficulté d'admettre que des millions d'atomes puissent constituer une cellule sans qu'aucun plan préside à leur réunion. A ce compte, pourquoi ne soutiennent-ils pas qu'un million de lettres se sont un jour juxtaposées au hasard chez un imprimeur pour former le livre de l'*Origine des espèces* ?

Les forces volontaires sont donc intervenues dans l'histoire primitive des organismes ; mais quelles sont les limites de leur intervention ? Car nous savons qu'elle en a ; nous savons, par exemple, ou du moins nous admettons pour de bonnes raisons, que l'organisation, une fois accomplie suivant un certain type, se continue d'elle-même par les seules forces atomiques, dans la reproduction de ce type comme dans la réparation quotidienne de chaque organisme. L'objet de notre seconde thèse est précisément d'assigner ces limites. C'est, disons-nous, aux forces intelligentes et volontaires qu'est due la différenciation poussée jusqu'aux groupes que nous nommons espèces. La différenciation poussée plus loin, jusqu'aux types de races ne leur appartient plus. Ainsi la multiplication des types à l'intérieur des espèces n'a pour cause immédiate que les forces aveugles et inconscientes qui régissent les transformations du monde inorganique ; nous en voyons la preuve et l'explication dans les faits que M. Wallace a si bien exposés et que nous avons résumés plus haut. Nous avons alors démontré que ces faits sont insuffisants pour la multiplication des espèces proprement dites; mais nous reconnaissons qu'ils expliquent fort bien la multiplication des races. Là ils s'arrêtent, parce qu'il y a une barrière infranchissable autour de chaque espèce ; là aussi s'arrête le pouvoir des forces atomiques abandonnées à elles-mêmes.

En effet, sous la seule action de ces forces, l'espèce peut se transformer, mais sa ligne ne se bifurque jamais, soit qu'on la remonte, soit qu'on la descende. Les types spécifiques, dans ces conditions, restent donc isolés et ne peuvent se communiquer mutuellement leurs propriétés, ni recevoir d'une source commune des propriétés communes. Si pourtant des ressemblances multiples et remarquables rendent au moins très probable qu'une telle communication s'est produite à une époque quelconque, il faudra dire qu'à cette époque les conditions ordinaires ont été altérées, c'est-à-dire que les organismes n'y ont pas été gouvernés par les seules forces atomiques, que d'autres forces ont alors apporté leur concours. Or, que peuvent être ces autres forces, intermittentes et passagères, distinctes de celles que caractérisent la continuité et une inflexible nécessité, sinon des forces volontaires ? Celles-ci auraient donc eu pour effet, dans cette hypothèse, de produire de temps en temps des bifurcations descendantes. C'est à elles que seraient dues les soudures qui, dans la classification, réunissent les lignes spécifiques en genres, en familles et en groupes plus étendus. Nous reviendrons tout à l'heure sur cette manière de voir. Si au contraire on se refusait, en général ou pour certains cas particuliers, à admettre cette communication de propriétés entre les lignes spécifiques, on serait obligé *à fortiori* de placer à chaque tête de ligne l'intervention de forces volontaires : car, dans ce cas, la ligne aurait une origine physiquement indépendante d'autres organismes préexistants, et l'on se trouverait exactement dans le cas de notre première thèse.

Outre cet argument, fourni par la discontinuité généalogique des espèces, il y en a un autre. Si l'on considère la différenciation de la série organique en descendant des règnes vers les groupes moins étendus, on voit très évidemment, du moins aux bifurcations les plus importantes, des différences profondes, des organisations radicalement différentes, comme les appelle M. Wallace, résultant de ce que certains groupes sont pourvus d'organes importants et compliqués dont aucun rudiment n'existe dans d'autres groupes. C'est en vain, suivant cet illustre fondateur du transformisme, que le transformisme a essayé jusqu'ici d'expli-

quer ces différences autrement que par des mots.
Eh bien, les raisonnements du calcul des probabilités s'appliquent à l'addition de ces structures progressives, comme à la première organisation de la matière; car elles consistent en arrangements remarquables, qui, avant leur réalisation, ne sont pas plus probables que les autres ; elles révèlent donc, comme dirait Poisson, l'intervention « d'une cause particulière C, autre que le hasard, et analogue, par exemple, à la volonté humaine ». Nous ne développerons pas ce second argument. Malgré sa force démonstrative, il a l'inconvénient de s'affaiblir, avec les faits qui lui servent de base, à mesure qu'on l'applique à des bifurcations plus éloignées de l'origine ; et l'on ne verrait pas toujours clairement qu'il peut aller jusqu'aux espèces. Mais il s'ajoute au précédent, pour faire de notre seconde thèse un principe solidement établi, qu'aucune hypothèse ne peut contredire sous peine d'être inadmissible.

Ces deux thèses forment, croyons-nous, tout ce qu'on peut dire de certain sur l'origine des organismes. Mais, au delà du certain, toute science encore imparfaite doit chercher le probable, elle doit accueillir les hypothèses que les faits observés tendent à accréditer. Telle nous paraît être l'hypothèse, déjà indiquée, qu'à diverses époques les forces volontaires auraient établi des communications généalogiques entre des groupes naturellement séparés, en produisant des bifurcations descendantes qui eussent été impossibles sans leur intervention.

Les deux faits généraux allégués par M. Wallace s'accordent bien avec cette hypothèse ; mais ils semblent insuffisants pour la rendre plus probable que les hypothèses contraires. L'espèce de continuité morphologique que tend à établir la découverte de nouveaux intermédiaires, et la loi embryologique d'après laquelle des animaux qui arrivent à des degrés très différents de perfection finale passent cependant par une première série d'étapes communes, ces deux grands faits ne s'expliquent pas mieux par une parenté véritable que par une parenté, pour ainsi dire, spirituelle. En effet, rien n'empêcherait d'admettre qu'une cause intelligente, après avoir réalisé des formes organiques, au lieu d'inventer des plans entièrement nouveaux, se contente pour les formes suivantes de modifier, de perfectionner les plans déjà réalisés. Il en résulterait de nouvelles œuvres qui, par certains côtés, rappelleraient les anciennes, et auraient ainsi avec elles un air de parenté, sans que la descendance organique y fût absolument pour rien. De plus, un organisme dont la perfection serait ainsi le résultat d'additions successives, serait naturellement appelé à fournir une plus longue série d'étapes, dont les premières rappelleraient celles de ses prédécesseurs ; et l'on conçoit que la portion ancienne de cette série soit condensée et reportée sur la vie embryonnaire, pour réserver la vie indépendante à la forme perfectionnée que son architecte a eue surtout en vue.

Mais il est un troisième fait, moins général peut-être, assez fréquent toutefois, que M. Wallace n'a pas mentionné quoiqu'il soit souvent fort utile aux transformistes, et qui nous paraît plus favorable, dans bien des cas, à une parenté véritable. C'est le fait des structures rudimentaires, complètement inutiles à l'organisme qui les possède, et n'ayant pour toute fonction que de représenter des organes qui sont utiles ailleurs. Il en est qui, comme les glandes mammaires chez les mâles, ne jettent aucune lumière sur la question actuelle ; mais il en est d'autres qui semblent venir, par une transmission réellement héréditaire, de groupes parfaitement distincts. Telles sont, comme nous le disions plus haut, les dents fœtales de la baleine et les petits os des ailes dans l'aptérix.

N'est-il pas bien difficile, en effet, d'attribuer leur origine à une parenté simplement spirituelle ? Il faudrait admettre que la cause intelligente, et très intelligente, qui a conçu le plan de ces nouveaux organismes, a conservé ces superfluités uniquement parce qu'elle a oublié de les supprimer de son plan ; car, vu leur inutilité, on ne peut pas dire qu'elle les a conservées faute de trouver le moyen de s'en passer. L'homme lui-même, quand il perfectionne ses machines, n'y conserve guère les rouages que le perfectionnement rend tout à fait inutiles. Si parfois l'on rencontre dans ses œuvres quelque chose d'analogue aux structures rudimentaires de la série organique, c'est ordinairement dans ses œuvres sociales, où les suppressions sont beaucoup moins libres parce qu'elles dépendent d'un consentement général. Donnons pour exemple l'orthographe. L'italien a changé la sienne de façon à faire de l'écriture une représentation assez exacte de la parole ; mais le français, l'anglais, et beaucoup d'autres langues n'ont pu opérer cette réforme; et leurs mots sont souvent surchargés de structures rudimentaires, dont la fonction, purement étymologique, est de rappeler les formes disparues de leurs ancêtres. Les costumes, les titres, les usages pourraient fournir des exemples analogues ; mais toutes ces choses dépendent du consentement social, et non de la liberté individuelle d'une cause intelligente. On chercherait en vain dans nos montres, dans nos télégraphes électriques, dans nos locomotives, des pièces dont la seule fonction serait de rappeler les clepsydres, les télégraphes aériens, ou les anciens attelages.

Au contraire, si nous supposons une parenté véritable, résultat de la génération, cette cause aveugle et soumise à des conditions nécessaires peut laisser des traces de son intervention, dans les cas mêmes où elle n'a pu fonctionner qu'avec le concours de forces intelligentes. La difficulté précédente disparaît donc dans cette hypothèse, et comme nous ne voyons pas naître une difficulté contraire, cette hypothèse nous paraît plus probable. Aussi, c'est à une véritable descendance, rendue possible par l'indispensable intervention de forces intelligentes, que nous attribuons l'origine de ces structures rudimentaires. Nous admettrons donc que ces forces ont souvent employé des organismes préexistants pour réaliser de nouveaux types. Nous ajouterons qu'en modifiant alors l'état embryonnaire, elles ont pu, dans bien des cas, donner à l'embryon transformé des caractères appartenant déjà à des groupes dont il ne descendait pas ; et ainsi s'expliqueraient aisément ces nervures transversales, qui sont autant d'objections insolubles dans les généalogies transformistes. Il est d'ailleurs évident qu'en général l'introduction de la volonté dans les transformations de la série organique doit faciliter l'explication de beaucoup de contradictions apparentes. C'est un avantage sans doute, mais c'est aussi un danger ; car il peut évidemment faciliter de même les explications arbitraires. Il est donc prudent de n'avancer dans cette voie qu'à la lumière des faits, et avec une critique rigoureuse.

Après cette sage réflexion, nous hésitons un peu devant le dernier point qui nous reste à traiter ; car notre opinion sur ce point mérite à peine le nom d'hypothèse et nous aimons mieux l'appeler une conjecture. Mais il faut bien répondre à une question qui s'est présentée certainement plus d'une fois à la lecture des pages précédentes : Qu'y a-t-il donc sous ce mot de forces intelligentes et volontaires ? Il faut bien passer de la force à la substance qui en est le support. Or, la philosophie ne connaît, comme substances intelligentes et volontaires, que Dieu et l'homme. Dans cette question l'homme est évidemment hors de cause. Est-ce donc Dieu, nous dit-on, que vous faites intervenir directement et à plusieurs reprises dans l'organisation de la matière et dans la différenciation de la série organique ?

Non, le support de ces forces intelligentes et volontaires, ce n'est d'après nous ni Dieu ni l'homme ; ce sont des êtres beaucoup plus intelligents et plus puissants que l'homme, mais infiniment inférieurs à Dieu.

Malgré tout ce que cette conjecture a d'étrange, nous prions le lecteur de ne pas la rejeter avant d'écouter nos raisons.

Et d'abord, tout étrange qu'elle est, elle n'est pas absurde. Le rôle d'organisateur assigné à ces forces n'implique nullement, malgré le langage défectueux qu'on emploie souvent, le pouvoir de créer. Elles ne doivent qu'arranger des atomes de manière à en former ces machines que nous appelons des organismes végétaux et animaux. Le travail qu'elles exécutent est analogue à celui de nos ingénieurs et de nos mécaniciens. — Oui, dit-on, mais ces machines sont vivantes, et le Créateur seul peut leur donner la vie. — Nous avons déjà répondu à cette objection. Un organisme animal ne peut certainement accomplir toutes ses fonctions sans le concours d'une substance spéciale, non atomique, qui en fait le théâtre de phénomènes volontaires. Dieu seul peut créer cette substance, comme seul il peut créer les substances atomiques ; et elle ne résulte pas de la réunion des atomes en organisme. Deux choses bien distinctes sont nécessaires pour la réalisation des phénomènes animaux : un organisme convenable, et une substance spéciale pour l'actionner. Sans le premier, la seconde ne peut nous manifester son existence ; sans la seconde et sans le concours de Dieu qui la fait exister, le premier ne peut remplir sa destination. La substance n'existe que par une création ; l'organisme, considéré en lui-même, résulte d'une simple fabrication au moyen d'éléments préexistants. Quant aux végétaux, nous croyons, pour des raisons exposées dans un autre chapitre, qu'aucune substance autre que les agents atomiques, ne contribue à leur fonctionnement. Dans cette opinion, la vie de la plante est analogue à la vie d'une montre qui marche ; la fabrication des végétaux n'exige donc pas plus de pouvoir créateur que celle de nos montres. Mais quand même on voudrait expliquer leurs phénomènes vitaux par l'intervention d'une force vitale *sui generis*, il faudrait traiter la substance correspondante, comme nous venons de traiter la substance animale ; il faudrait la mettre hors de la question. Dès lors, le pouvoir créateur n'étant pas directement en cause, on ne voit aucune raison qui nous force à rattacher immédiatement à Dieu l'origine des organismes. Dieu est leur cause première, comme il est la cause première de nos propres constructions ; mais, de même aussi que nos constructions, ils peuvent avoir pour cause seconde et immédiate des êtres inférieurs à Dieu.

Mais à coup sûr, nous dit-on, l'action immédiate de Dieu suffirait à expliquer leur origine; pourquoi recourir mystiquement à des êtres dont jusqu'ici ni la science ni la philosophie n'ont montré l'existence ?

Ce recours n'est pas aussi mystique qu'il le paraît au premier abord ; il s'appuie sur des faits sérieux et remarquables, que nous allons indiquer en commençant par les plus significatifs.

Le premier de ces faits est intimement lié avec la célèbre concurrence vitale qui sert de base à la sélection naturelle ; c'est le moyen employé pour perpétuer les organismes sur la terre. Ce moyen, composé de la nutrition et de la reproduction, est certainement bien supérieur à tout ce que l'homme a pu jusqu'ici inventer pour perpétuer ses œuvres matérielles. Nos machines ne s'entretiennent pas d'elles-mêmes et, quand elles sont usées, elles ne fournissent pas d'elles-mêmes des machines semblables qui les remplacent; tandis que les plantes et les animaux se reproduisent pour ainsi dire indéfiniment. Loin d'avoir su inventer rien d'équivalent, nous n'avons pas encore deviné le secret de ce rajeunissement perpétuel qui s'étale partout sous nos yeux. Et pourtant cette merveille n'est pas la perfection. Pour assurer ainsi la perpétuité des groupes, il a fallu dans des proportions énormes sacrifier les individus. Partout, dans le règne animal comme dans le règne végétal, le pouvoir multiplicateur dépasse considérablement les limites imposées par les moyens de subsistance ; il faut donc que dans toutes les espèces une effrayante mortalité rétablisse fatalement l'équilibre. Cela se voit surtout dans les organismes inférieurs, qui produisent des milliers et des millions de germes afin d'assurer la conservation de quelques-uns. Si l'on veut voir dans une telle prodigalité un indice de puissance, on peut aussi soupçonner, dans le résultat relativement pauvre qu'elle réalise, un indice de faiblesse. Elle a été en partie corrigée dans les portions les plus parfaites et les plus récentes de la série organique, mais elle n'y a pas complètement disparu. Ne semble-t-il pas que, pour recourir à un pareil moyen de perpétuité, il faut n'être pas le maître absolu de tous les événements futurs ? Dieu, dont la providence a disposé l'état initial de l'univers de manière à faire concorder tous les phénomènes nécessaires avec les actes libres mais prévus des agents volontaires, n'avait certainement pas besoin d'une semblable prodigalité, ni pour les espèces supérieures, ni pour les plus infimes. Nous nous figurons malaisément qu'on ait pu l'adopter sans y être contraint ; et pour y être contraint, il faut évidemment n'avoir pas le pouvoir de disposer de l'avenir en maître souverain. Tel est le premier fait dont nous nous autorisons pour placer l'origine des organismes infiniment au-dessous de Dieu.

D'autres faits nous font croire que la série organique n'est pas l'œuvre d'un seul être intelligent, mais de plusieurs. La nutrition ne s'opère chez les animaux que par la destruction des organismes végétaux. Il est vrai que ce fait n'indique pas nécessairement une divergence de vues. L'organisateur d'une plante peut très bien l'avoir organisée précisément pour en faire une nourriture; quoique cette intention ne soit nulle part parfaitement manifeste, et que dans bien des végétaux elle paraisse peu probable. Mais que dire de ces nombreux animaux qui ne peuvent subsister que par la destruction d'autres animaux ? N'en est-il pas qui paraissent n'avoir d'autre destination que de détruire tout ce qui respire autour d'eux ? Il est bien difficile d'admettre une complète unité de vues entre celui qui donne à la victime d'ingénieux moyens de protection ou de fuite, et celui qui donne au carnassier de quoi déjouer tous ces moyens. C'est pour cela que nous avons parlé, au pluriel, des êtres intelligents que nous regardons comme les auteurs de ces organisations opposées. Deux autres faits, également remarquables, nous invitent à la même conclusion. Le premier est le parasitisme, si général dans les deux règnes; le second est ce curieux phénomène de mimique, dont nous avons parlé plus haut, et qui introduit dans le monde organique quelque chose comme la satire et la caricature.

Enfin, l'histoire paléontologique nous montre, dans son aspect général, depuis l'origine jusqu'aux temps actuels, un progrès incontestable, quelque chose comme le fruit de l'expérience. Un tel progrès ne pouvant se supposer en Dieu, c'est à des êtres finis et perfectibles qu'il nous fait songer. Parfois même, dans cette histoire comme dans celle des inventions humaines, on pourrait exceptionnellement signaler des pas en arrière. Le progrès d'ailleurs s'y produit généralement par perfectionnements successifs, fondés sur les résultats antérieurement acquis; les plans radicalement nouveaux y sont relativement rares, toujours comme dans les inventions humaines. On en conviendra sans peine, ce ne sont pas là des caractères évidents d'une œuvre exclusivement divine.

Nous n'alléguerons pas d'autres arguments, mais nous ajouterons que, dans la grande masse de faits mis en lumière à propos de l'origine des espèces, nous n'en avons pas trouvé un qui paraisse contredire notre conjecture. Au contraire, d'une part elle satisfait raisonnablement à toutes les difficultés soulevées par Darwin et ses partisans, et d'autre part elle répond à celles qu'on leur a opposées. Enfin, notons-le sans y attacher une importance exagérée, il nous semble assez piquant que les recherches transformistes, entreprises parfois dans une intention matérialiste et athée, puissent un jour aboutir à faire reconnaître, dans le domaine propre de la science, l'intervention d'êtres spirituels auxquels la philosophie elle-même est restée étrangère, et qui n'ont été considérés jusqu'ici que par les théologiens.

On sait, en effet, que la théologie renferme un traité important sur les anges. Or, nous croyons que, sans contredire en rien l'enseignement des théologiens, il est possible d'appliquer aux anges tout ce que nous avons dit en exposant notre conjecture. Le Docteur angélique, saint Thomas d'Aquin, qui a largement traité ces questions, dit bien que « dans les anges il n'y a qu'intelligence et volonté [1] », mais il enseigne aussi qu'ils peuvent agir sur la matière corporelle. « La puissance motrice de l'âme [humaine], dit-il, est restreinte au corps qui lui est uni et qu'elle vivifie ; et c'est par son intermédiaire qu'elle peut mouvoir les autres corps. Mais la puissance de l'ange n'est restreinte à aucun corps ; aussi il peut mettre en mouvement les corps qui ne lui sont pas unis [2]. » Il enseigne que la divine sagesse leur a distribué le gouvernement de bien des choses en ce monde [3] ; et à ce propos il cite, en les approuvant, saint Augustin et Origène. D'après le premier, « toute chose visible en ce monde est placée sous l'empire d'une puissance angélique [4] » ; d'après le second,

---

[1] « In Angelis non est alia vis quam intellectiva et voluntas » (1, q. 79, 1 ad 3). Dans un autre passage il exprime sa pensée d'une façon plus exacte : « Unde *de viribus animæ* non possunt eis competere nisi intellectus et voluntas » (1, q. 54, 5 c.).

[2] « Virtus motiva animæ contrahitur ad corpus unitum quod per eam vivificatur : quo mediante alia potest movere. Sed virtus Angeli non est contracta ad aliquod corpus ; unde potest corpora non conjuncta localiter movere » (1, q. 110, 3 ad 3).

[3] « Ex ordine divinæ sapientiæ, quæ diversis rebus diversos rectores præposuit » (1, q. 110, 1 ad 3).

[4] « Unaquæque res visibilis in hoc mundo habet angelicam potestatem sibi præpositam. » (*De div. quæst.* LXXXIII, 79).

les anges « président à la naissance des animaux, et aux développements des jeunes pousses, des plantations, etc.[1] ».

On voit qu'il n'y a rien dans ces enseignements qui ne nous autorise à regarder comme admissible, en l'appliquant aux anges, la conjecture qui nous paraît expliquer de la façon la plus probable l'origine des organismes.

---

[1] « Præsunt animalium nativitati, et virgultorum et plantationum et ceterarum rerum incrementis. » (*In Num.* homil. XIV). Nous citons ce texte tel que le donne saint Thomas ; il y a une variante sans importance dans les derniers mots : « et ceteris pluralibus incrementis. »

RÉSUMÉ ET CONCLUSION.

SOMMAIRE. — Analyse et liaisons des chapitres précédents. - Principaux résultats philosophiques de cette exploration scientifique. — Les positivistes n'y opposeront guère d'arguments. — Il y a pourtant des savants parmi eux. Nous avons dû réfuter leurs erreurs. Il nous reste à les plaindre et à prier pour eux.

Le prestige du progrès et de la science est une force qu'il ne faut pas laisser usurper par l'irréligion. Telle est la pensée qui a dicté toute cette série d'études. Nous l'avons développée dans l'introduction, en signalant trois faits importants dont les deux premiers sont exclusivement et entièrement modernes.

C'est dans notre siècle que les sciences naturelles, tout en restant sur le terrain des phénomènes matériels qui leur appartiennent en propre, ont pour la première fois et sur plusieurs points atteint la frontière où elles confinent à la philosophie. Elles sont arrivées là en recherchant les causes de ces phénomènes, et en remontant d'anneau en anneau jusqu'au voisinage immédiat des causes substantielles et de la cause première. Elles ont en outre découvert des lois physiques d'une grande généralité, des lois universelles qui, en nous éclairant sur le plan et la destinée de tout l'univers matériel, nous font naturellement songer à la Providence et aux rapports de notre liberté avec les événements; c'est-à-dire, à des questions éminemment philosophiques. Enfin, par l'introduction de la mécanique dans l'analyse des phénomènes vitaux, elles sont obligées d'étudier le volontaire qui se révèle dans certaines actions organiques ; et en accentuant ainsi la différence des organismes animaux d'avec tous les autres corps, elles appellent forcément l'attention sur la différence entre l'animal et l'homme. Là encore elles côtoient évidemment le domaine du philosophe. Ce rapprochement multiple, qui s'est opéré tout entier de nos jours, est la vraie cause à laquelle les sciences doivent aujourd'hui la plus grande part de leur importance sociale. Tel est le premier fait.

Le second est la grande popularité qu'elles ont acquise, grâce à la grandeur incontestable de leurs découvertes théoriques, et aux services nombreux et évidents que leurs applications récentes ont rendus à la société. Elles possèdent sur l'esprit des masses une autorité que n'ont jamais possédée les systèmes philosophiques, et qui n'a jusqu'ici appartenu qu'aux religions positives. Elles ne craignent pas de s'imposer à la foi, car la foi scientifique est presque toujours d'autant plus robuste qu'elle est moins éclairée.

De ces deux faits il en est résulté un troisième. L'irréligion, qui est aussi ancienne sur la terre que l'orgueil et les mauvaises passions, cherche à s'emparer de la popularité des sciences pour imposer ses dogmes à l'esprit humain. Le matérialisme et l'athéisme ne sont pas chose nouvelle ; mais ce qui est nouveau, c'est qu'on espère aujourd'hui les faire admettre en les présentant comme des conclusions de la science. Bien que la plupart de leurs apôtres n'aient aucune valeur scientifique, leur charlatanisme est dangereux, et il y a malheureusement des savants qui contribuent à l'accréditer. Est-ce l'orgueil qui les aveugle ? Comment ne voient-ils pas la terrible responsabilité qu'ils encourent, et les odieuses conséquences que la logique populaire déduit de leurs principes ?

Devant une pareille situation, le devoir des chrétiens est évident. Il faut défendre la vérité religieuse, qui est nécessaire à la société comme à l'individu, sur tous les points où on l'attaque ; et puisque c'est sur la frontière commune de la science et de la philosophie que l'attaque est aujourd'hui la plus vive, ce devoir incombe surtout aux savants et aux philosophes. Dans ces régions récemment découvertes, où abondent comme de coutume les aventuriers et les malfaiteurs, les honnêtes gens doivent non seulement pourvoir à la défense, mais encore songer à un établissement durable. Il faut surtout penser aux communications, rendre accessibles aux philosophes les nouvelles conquêtes du savant, et tourner les regards du savant vers les sommets désormais voisins et à jamais lumineux de la philosophie.

Le vrai progrès et la vraie science, de même que la vraie philosophie, ont toujours été et seront toujours d'accord avec la religion. Quand l'irréligion prétend s'en faire une parure ou une arme, il faut montrer sous cette prétention ce qui s'y trouve inévitablement, ou le charlatanisme ou l'usurpation.

Il y a de l'un et de l'autre, et il n'y a guère autre chose, dans la campagne ouverte à Belfast par M. Tyndall, pour faire remonter au matérialisme et à l'athéisme des épicuriens l'origine de tout le progrès scientifique accompli depuis plus de vingt siècles. Car c'est bien du charlatanisme que d'exalter comme « les chefs de la spéculation scientifique » des hommes qui n'ont jamais, ni par eux-mêmes ni par leurs disciples, fait aucune découverte, qui n'ont rien connu de ce qui s'enseignait couramment dans les écoles voisines sur la géométrie, l'optique et l'astronomie, et que leurs contemporains regardaient à bon droit comme des ignorants. C'est une usurpation que de profiter d'une ressemblance toute superficielle entre leurs rêveries et la plus féconde des théories modernes, pour leur faire honneur de tout ce qui dérive de celle-ci.

Si M. Tyndall a lu, dans Lucrèce, autre chose que le premier livre, comment n'a-t-il pas vu, dans les principes surannés du second et dans les ridicules applications des quatre suivants, l'esprit antiscientifique et l'irrémédiable impuissance de cette théorie qu'il présente comme renfermant en germe tous les progrès futurs ?

C'est pourtant en parcourant cette partie oubliée par lui que nous avons découvert un véritable progrès, disons mieux, un triomphe de la science. Nous y avons vu, à propos de l'*exiguum clinamen*, ingénieuse invention d'Épicure, que les anciens matérialistes, pour ne pas contredire le témoignage de la conscience, admettaient sans difficulté l'existence du volontaire, et croyaient tout sauver en niant implicitement celle du nécessaire. C'était une position commode ; mais leurs héritiers ont dû l'abandonner, et c'est la science qui les en a chassés. Elle a si clairement établi, par ses expériences et par ses mesures, que la nécessité gouverne rigoureusement le monde purement matériel, qu'on ne peut plus aujourd'hui être matérialiste sans démentir l'expérience continue du sens intime qui, même malgré nous, nous révèle notre liberté. Nous sommes heureux de constater que cette reculade du matérialisme correspond à un véritable progrès de la science, bien que le système historique de Belfast n'ait pas eu pour objet de provoquer cette démonstration. Mais c'est une satisfaction que nous devions à l'honneur de cette glorieuse auxiliaire de la vérité religieuse, de cette science qui, venue de Dieu, comme nous en avertit le concile du Vatican, doit avec le secours de sa grâce nous ramener à Dieu. Avant de parcourir à sa lumière les confins scientifiques de la philosophie, nous avons tenu à montrer, par des documents irrécusables, qu'elle n'avait pas contracté en naissant la tache originelle dont l'irréligion a tenté de souiller son berceau. Cette réparation faite, nous consacrons tous les chapitres suivants aux seules questions théoriques qui intéressent à la fois le savant et le philosophe.

Les quatre premiers s'occupent du monde inorganique ; les phénomènes vitaux et le monde organique sont réservés pour les quatre suivants.

Sous les deux titres, la *Physique moderne* [1] et la *Théorie atomique* [2], nous avons essayé de réunir tous les principes essentiels, scientifiques et philosophiques, de la théorie fondamentale qui règne aujourd'hui dans toutes les branches des sciences naturelles. C'était une entreprise assez difficile, surtout pour deux raisons.

D'abord la nouvelle théorie atomique, qui n'a rien de commun avec les doctrines épicuriennes, date à peine d'un siècle. Elle est même pratiquement beaucoup plus jeune encore ; car lorsque Boscovich la formula le premier, dans sa *Theoria philosophiæ naturalis redacta ad unicam legem virium in natura existentium*, le monde scientifique n'était pas préparé à la comprendre et à la recevoir. Elle venait avant l'heure, et fut par suite condamnée à une longue période de faiblesse. Elle n'a commencé à se développer que

[1] Chap. II.
[2] Chap. III.

dans notre siècle, presque de nos jours, et elle n'est pas encore complètement formée. Il s'ensuit que les savants ont encore sur quelques-unes de ses parties des opinions différentes, et que la vulgarisation en est difficile faute de guides autorisés.

Une autre difficulté résulte de la nature même de cette théorie. Ses principes scientifiques les plus importants dépendent de la dynamique ; on peut même dire que la dynamique la contient tout entière. Or, la dynamique est aussi incommode à vulgariser qu'une branche quelconque des mathématiques pures. Un lecteur qui n'est pas mathématicien doit, pour en comprendre les énoncés, se condamner à des efforts d'attention que n'exige pas l'étude, même la plus sérieuse, des autres questions de science et de philosophie. Mais ces efforts sont indispensables ; il n'est pas possible autrement de ne pas se tromper à chaque pas dans cette théorie qui, dans le domaine scientifique, gouverne à peu près toutes les autres.

C'est pour cela que nous avons résumé en quelques pages tout ce qui est nécessaire et suffisant pour bien comprendre le principe de la conservation de l'énergie. Nous recommandons instamment ce résumé à l'étude patiente du lecteur. Bien des vulgarisateurs, bien des conférenciers auraient besoin d'une telle étude ; car, aujourd'hui encore, ceux-là même qui devraient, par état, être parfaitement instruits de ces principes véritablement fondamentaux, font souvent preuve de la plus incroyable ignorance. Je pourrais le prouver par une foule de citations; je me contenterai d'une seule qui, à la vérité, est une des plus belles. Voici un paragraphe que j'extrais d'un traité de physiologie : « Le ventricule gauche exercerait sur l'aorte une pression probablement égale à celle d'une colonne de sang de 50 centimètres de hauteur pour 1 centimètre carré de surface; ou si l'on veut d'une colonne de mercure de 25 centimètres de hauteur sur 6,47 centimètres carrés de surface; en mécanique cette pression représente un travail équivalant à la force nécessaire pour élever 30 mille kilogrammes à 10 centimètres de hauteur; le travail du cœur entier est d'environ 40 mille kilogrammes. » Il n'y a pas un membre de phrase qui ne renferme une absurdité. Depuis quand une pression est-elle évaluée, non seulement par la hauteur, mais aussi par la base d'une colonne liquide? Comment 50 centimètres de sang peuvent-ils produire la même pression que 25 centimètres de mercure? Qu'est-ce qu'une pression qui représente un travail? un travail qui équivaut à une force? une force mesurée en kilogrammètres et un travail mesuré en kilogrammes? Il n'y a vraiment pas moyen d'accumuler plus de non-sens en aussi peu de mots. J'ajoute que ces lignes se lisent dans une traduction, et que je soupçonne fort le traducteur d'avoir seul tout le mérite des beautés qui s'y trouvent. Cependant il nous avertit, dans sa préface, qu'il a voulu par cette traduction servir la cause de l'enseignement populaire, et populariser la physiologie, parce que « de toutes les sciences,.... il n'en est pas qui puisse déblayer le champ de l'esprit humain d'une aussi grande somme d'erreurs, de préjugés et de superstitions [1] ».

Faut-il ranger la géométrie et la mécanique parmi les préjugés et les superstitions ? On sait qu'Épicure n'aimait pas la première, beaucoup de ses héritiers nous paraissent avoir aujourd'hui peu de penchant pour la seconde. Il est évident pourtant que celle-ci doit finir par absorber toute la physique, toute la théorie du monde matériel, s'il est vrai, comme nous le pensons, qu'on ne peut mieux résumer l'esprit et la substance des nouvelles théories que dans la formule suivante :

Tous les phénomènes matériels se réduisent

---

[1] *Leçons de physiologie élémentaire,* par T.-H. Huxley, traduites de l'anglais sur la troisième édition par le Dr E. Dally.

en dernière analyse à des mouvements mécaniques dont les mobiles sont des atomes de deux classes seulement, appelés pondérables ou impondérables suivant la loi qui régit leurs actions.

Pour expliquer et justifier les diverses parties de cette formule, nous avons passé en revue les principaux phénomènes du monde inorganique. Malgré l'étendue qu'elle occupe dans le chapitre, cette inspection générale n'est, au fond, qu'un résumé très serré des faits ; nous n'essayerons donc pas de la résumer elle-même. Nous rappellerons seulement ce que nous disions en la terminant : Jusqu'ici nous sommes resté sur le terrain purement scientifique des phénomènes ; les questions philosophiques soulevées par cette formule ont été réservées pour le chapitre suivant.

La science et la philosophie se distinguent l'une de l'autre surtout par leur objet ; mais de plus les caractères mêmes de leurs théories sont souvent fort différents. La théorie scientifique n'avance qu'en coordonnant de nombreux détails pour simplifier le coup d'œil d'ensemble. Un exemple admirable, la théorie aujourd'hui presque parfaite des mouvements du système solaire, permet de mettre bien en évidence cet esprit de simplification ; et en outre de concevoir clairement ce que c'est qu'une théorie scientifique achevée, c'est-à-dire, arrivée jusqu'au voisinage immédiat de la philosophie. Celle-ci, au contraire, beaucoup moins riche de détails, n'est pas astreinte aux mêmes précautions; mais elle doit en prendre d'autres. Elle doit, lorsqu'elle traite à son tour du monde matériel, se renseigner parfaitement sur les faits que la science lui fournit comme point de départ; elle doit éviter les écueils nombreux que l'imagination, l'habitude, le langage ont multpliés sur sa route. Elle doit savoir manier aisément les abstractions, sans jamais y substituer des fantômes.

Dans la question actuelle, elle doit d'abord rechercher si les actions atomiques révélées par la science sont des phénomènes réellement primordiaux, qui ne sont plus susceptibles d'explication scientifique. Cette question est l'objet d'une discussion étendue où, en comparant les deux hypothèses contradictoires, nous avons eu l'occasion de préciser la notion philosophique de la cause substantielle et de traiter la célèbre question de l'action à distance. En concluant cette discussion, nous adoptons, comme de beaucoup la plus probable, l'opinion que les actions attractives et répulsives des atomes sont bien réellement les phénomènes primordiaux, qui non seulement expliquent tous les autres, mais n'ont plus eux-mêmes d'autre explication que l'existence et la nature de leurs causes substantielles.

Alors, nous fondant sur les faits et sur leur théorie scientifique, nous avons essayé de caractériser l'activité des substances atomiques. La question de savoir si, outre leurs pouvoirs matériels, ces substances ont comme nous la faculté de connaître, est résolue négativement ; et à ce propos nous examinons une hypothèse parfaitement admissible qui soustrait à l'imagination tout prétexte pour suggérer le contraire. Quant à leur nombre et à leur individualité, nous croyons que ce sont là des questions aussi insolubles que dénuées d'intérêt.

Ces deux chapitres ont un corollaire naturel que nous ne pouvions négliger, nous qui voulons arracher à l'irréligion le masque scientifique dont elle se couvre souvent. La théorie atomique fournit un argument *sui generis* pour montrer, indépendamment même de l'existence du volontaire et du libre arbitre, combien sont absurdes et ridicules les prétentions du matérialisme. Pour les renverser, il suffit de leur donner un énoncé scientifiquement clair, déduit de cette théorie. En effet, la thèse matérialiste exige que tous les phénomènes moraux et intellectuels sans exception soient exclusivement composés de petits déplacements vibratoires de points géométriques. Or, pour peu que l'on considère les problèmes qu'une telle assertion devrait résoudre, la disproportion se montre tellement évidente qu'elle fait éclater aussitôt la ridicule impuissance de la thèse. En face de la théorie atomique, le matérialisme n'est plus une doctrine, il est réduit à l'état de mauvaise plaisanterie, et de gageure contre le sens commun.

« L'axiome essentiel du matérialisme, dit M. Littré, est l'éternité de la matière, à savoir qu'elle n'a point eu d'origine et qu'elle n'aura pas de fin [1]. » Rien de plus exact. Cette thèse est, en effet, *essentielle* au matérialisme, puisque sans elle il ne peut exister ; et les jeunes positivistes la reçoivent comme un *axiome* indiscutable, parce qu'aucun de leurs maîtres n'essaie de la démontrer. Nous, au contraire, nous démontrons la thèse contradictoire [2], renversant ainsi toute leur doctrine, et nous prétendons que notre démonstration est à la fois scientifique, claire

---

[1] *La science au point de vue philosophique*, par E. Littré, 3ᵉ édition, Paris 1873, p. 322.
[2] Chap. IV.

et rigoureuse comme une démonstration mathématique. Elle ne demande aucune complaisance à celui qui la comprend, et elle est facile à comprendre pourvu qu'on y prête un peu d'attention. Elle n'emprunte rien au calcul infinitésimal qui, du reste, n'a absolument rien de commun avec la question ; les seules idées qu'elle rapproche sont familières à quiconque a étudié les éléments d'arithmétique.

Notre formule fondamentale est la suivante : Le nombre infini n'est pas absurde, mais il est essentiellement indéterminé. Nous en démontrons rigoureusement les deux parties, après avoir critiqué deux autres formules défectueuses. Elle est généralement facile à appliquer aux questions particulières. L'objet en question supporte-t-il l'indétermination, il pourra sans contradiction admettre l'infinité. Au contraire s'agit-il de choses qui ne peuvent avoir de réalité qu'à la condition d'être déterminées, aussitôt l'infinité devient absurde et contradictoire. C'est ainsi que nous montrons d'abord que le nombre des étoiles existantes est fini, parce que ce nombre est nécessairement déterminé. On en peut dire autant du nombre des atomes. L'espace abstrait, le temps abstrait sont infinis comme la série des nombres abstraits. Au contraire l'univers, c'est-à-dire l'ensemble des phénomènes matériels, ne remplit qu'un espace limité. La série de ces phénomènes a eu un commencement dans le temps. De ce dernier point, à cause de son importance spéciale, nous donnons une seconde démonstration qui nous semble particulièrement frappante. L'axiome essentiel de M. Littré est ainsi réduit à une évidente absurdité.

Bien que nous ayons cité dans ce chapitre un assez long passage de cet écrivain, passage qui renferme ce que le positivisme contemporain a écrit de plus fort sur ce sujet, nous avons cru devoir chercher ailleurs des objections plus sérieuses. Il a fallu pour cela remonter jusqu'aux antinomies de Kant, dont la première, comme on sait, soutient le pour et le contre sur l'infinité et l'éternité de l'univers.

Des propositions démontrées dans ce chapitre, nous concluons rapidement à la création, sans entrer dans les questions philosophiques ou théologiques que ce mot soulève, mais qui, étant en dehors de la zone où la science confine à la philosophie, sont par cela même en dehors de notre programme.

Le dernier des chapitres [1] consacrés au monde

[1] Chap. v.

inorganique traite, comme le précédent, de questions relatives à l'univers entier.

Il expose d'abord trois lois générales dont il indique la démonstration. La première est la constance de la masse, dont la connaissance résulte directement de l'expérience par une induction légitime. La seconde est la constance de l'énergie. Ce n'est pas, comme on semble parfois le croire, un théorème *à priori*, mais une conclusion mathématique de faits connus par l'expérience. Ces faits, au nombre de quatre, sont examinés et établis, et une réserve est faite pour les perturbations légères que les forces volontaires peuvent introduire dans cette loi. Plusieurs paragraphes précisent le sens physique de celle-ci, et en démontrent la portée pratique. Elle n'est pas d'ailleurs la seule loi générale qui puisse se déduire des équations de la dynamique, mais on montre que les autres n'ont pas, à beaucoup près, la même importance. La formule suivante énonce la troisième loi : La quantité d'énergie vibratoire augmente sans cesse aux dépens de l'énergie visible, et cette énergie vibratoire tend à se distribuer uniformément entre tous les corps de l'univers. Pour faire comprendre comment la thermodynamique a fait d'abord soupçonner l'existence de cette loi, nous décrivons ce qui, dans cette science, s'appelle un cycle réversible ; puis nous donnons la raison générale qui s'oppose, dans la nature, à la réversibilité de la plupart des transformations d'énergie, et qui, par suite, explique que l'ensemble des transformations marche toujours dans un sens déterminé. Deux conséquences importantes dérivent de cette troisième loi. La première est que le monde matériel marche vers un état final tout à fait comparable à la mort. La seconde est qu'il a eu un commencement dans le temps, une naissance avant laquelle il n'existait pas. Nous trouvons ainsi une nouvelle démonstration scientifique du fait de la création.

On doit à M. Philippe Breton une remarque fort originale qui n'a pas jusqu'ici obtenu l'attention qu'elle mérite. D'un côté elle fournit, si les principes de la physique moderne sont bien établis, une nouvelle et excellente réfutation du matérialisme ; mais d'un autre côté les conséquences qu'elle déduit rigoureusement de ces principes sont si étranges, qu'elles semblent une raison de douter de cette science elle-même. M. Breton ne paraît pas avoir suffisamment éclairci cette singulière situation Voici les réflexions qu'elle nous a suggérées.

Pour que sa réfutation du matérialisme soit péremptoire, il suffit que, dans les phénomènes purement atomiques, la réversion soit toujours *théoriquement possible* ; pour compromettre la physique moderne qui établit cette possibilité théorique, il faudrait que, d'après ses principes, les phénomènes révertis eussent une probabilité suffisante pour être *pratiquement réalisables*. En effet, nous voyons sans peine que, dans les phénomènes moraux et intellectuels, la réversion est non seulement improbable, mais absurde, théoriquement impossible : tandis qu'elle ne nous paraît qu'étrange, fort étrange, si l'on veut, mais non absurde, dans les phénomènes purement matériels. Or, loin que ce dernier résultat soit en contradiction avec les principes de la physique moderne, il en est une conséquence nécessaire. On montre, en effet, d'après les principes de cette science, que le phénomène direct a toutes les chances pour lui, parce qu'il consiste dans la dispersion de l'énergie visible en une multitude quelconque de mouvements divers ; tandis que le phénomène réverti n'en a aucune, parce qu'il consiste dans la concentration régulière, en un mouvement visible déterminé, d'une multitude énorme de petits mouvements qui peuvent exister d'une infinité de manières sans avoir aucune tendance à la concentration. De plus, les phénomènes révertis, bien que la Providence puisse les appeler à l'existence, composeraient un monde où, en vertu des mêmes principes, l'ordre régulier serait à chaque instant éminemment instable, à la merci du moindre caprice des agents volontaires. En troisième lieu, le retournement instantané de toutes les vitesses, condition indispensable de leur réalisation actuelle, est, toujours d'après ces principes, mécaniquement impossible ; il faudrait un miracle pour le réaliser. Enfin, l'anéantissement de toutes les vitesses à un même moment, condition indispensable de leur réalisation future, n'a, suivant cette même science, absolument aucune chance de se produire jamais. Il n'y a qu'un seul instant où l'on puisse admettre que toutes les vitesses soient nulles en même temps, c'est l'instant véritablement initial du monde ; mais cela ne réserverait pour les phénomènes révertis que le temps où il n'y avait pas de phénomènes. Il s'ensuit qu'à aucune époque, d'après les principes mêmes de la physique moderne, on ne peut admettre la réalisation d'un monde réverti. Et par conséquent cette science, loin d'être ébranlée par l'étrangeté des phénomènes révertis qu'elle déclare théoriquement possibles, donne d'elle-même l'explication de cette étrangeté et nous dit pourquoi il faut les reléguer dans la catégorie des événements imaginaires.

Après ces éclaircissements, rien n'est plus facile que de voir la force du nouvel argument fourni par la réversion contre les rêveries des matérialistes.

La dernière partie du chapitre est consacrée au gouvernement providentiel de l'univers matériel, et à l'influence que nous y exerçons par nos actes libres et particulièrement par nos prières. On y voit aisément combien la théorie chrétienne est raisonnable, et combien sont futiles les plus fortes objections élevées contre elle par la libre pensée.

Tous les chapitres suivants traitent uniquement du monde organique. Le but philosophique des deux premiers est de déterminer les causes substantielles des actions vitales, c'est-à-dire des phénomènes spéciaux que nous observons dans les plantes et dans les animaux. Nous nous posons d'abord les questions suivantes [1] :

Y a-t-il dans les phénomènes vitaux d'autres actions matérielles que les actions atomiques étudiées jusqu'ici, et par suite nous révèlent-ils l'existence de nouveaux agents ? Quelle nature, quelle puissance active particulière faudrait-il reconnaître à ces nouveaux agents, à ces nouvelles causes substantielles ?

[1] Chap. VI.

14.

Questions dont il n'est pas impossible de trouver aujourd'hui les réponses, et sur lesquelles les principes de mécanique, exposés plus haut, jettent déjà beaucoup de lumière. Elles nous amènent immédiatement à la réfutation, pour ainsi dire spécifique, du matérialisme par l'existence du volontaire. Le sens intime qui nous révèle cette existence avec une clarté invincible, montre quelque chose de plus. Il montre, contrairement à l'ingénieux système de l'harmonie préétablie imaginé par Leibnitz, que nous sommes bien réellement les causes efficientes de nos actions matérielles. Enfin, le volontaire est une note caractéristique, car l'indétermination qu'il produit ne se trouve dans aucun phénomène purement atomique. C'est de ces faits que nous conclurons plus loin à l'existence de véritables forces volontaires.

Mais cette note caractéristique ne s'observe que dans la classe des phénomènes nerveux; que faut-il dire des autres classes? Présentent-elles aussi quelque note qui les distingue essentiellement des phénomènes inorganiques, et qui, par suite, nous oblige à les attribuer à des agents autres que les substances atomiques? Pour répondre à cette question nous distribuons ces phénomènes vitaux en trois catégories : 1º Les phénomènes de chimie organique, où les *atomes* changent d'arrangement moléculaire ; 2° les phénomènes d'organisation, où les *molécules* se déplacent intégralement pour former les particules des tissus ; 3° les phénomènes purement mécaniques, où ces *particules* elles-mêmes se déplacent de façon à changer l'arrangement des tissus. Dans chacune de ces catégories, nous recherchons, à la lumière de la mécanique rationnelle, s'il faut, pour expliquer les transformations d'énergie qui accompagnent le déplacement des masses, admettre d'autres actions que les actions atomiques intérieures et extérieures. Nous arrivons à une réponse franchement négative, c'est-à-dire, à la conclusion que, dans tous ces phénomènes vitaux où n'intervient pas le volontaire, rien ne révèle des actions élémentaires d'une nature différente des actions atomiques. Qu'en faut-il conclure, selon toute probabilité, au point de vue philosophique ? Que les substances atomiques seules sont les causes substantielles immédiates de ces phénomènes, qui seuls caractérisent les végétaux, et qui se joignent aux phénomènes volontaires dans les organismes animaux.

Au contraire, les actions vitales volontaires, qui ont pour théâtre le système nerveux, révèlent des forces nouvelles et des agents nouveaux. Toute la suite de ce premier chapitre est consacrée à démontrer l'existence des forces mécaniques *sui generis* que nous appelons les forces volontaires. Ce sujet nous amène à exposer l'importante remarque faite par M. Boussinesq sur les solutions *singulières* des équations de la dynamique, et à réfuter l'ingénieuse application qu'il en a faite à la théorie des mouvements volontaires. L'intelligence de cette partie n'exige, croyons-nous, aucun effort extraordinaire d'attention chez le lecteur peu accoutumé aux mathématiques, et l'intérêt en est très grand. Quant aux mathématiciens, nous nous permettons de leur signaler le fondement même de notre réfutation, à savoir l'*instabilité* qui parfois rend absolument illusoires les solutions théoriques des problèmes de dynamique. Nous croyons que les traités actuels de cette science n'accordent pas assez d'importance à ce point remarquable.

La publication du chapitre précédent ayant engagé plusieurs habiles géomètres à nous donner leur avis sur la théorie de M. Boussinesq et sur la critique que nous en avions faite, nous y revenons au commencement de celui-ci [1] pour répondre à tout ce qui dans ces lettres nous a paru une

---

[1] Chap. VII.

objection. Nous résolvons ainsi les dernières difficultés mathématiques contre les forces volontaires. Deux autres difficultés sont ensuite exposées et résolues : l'une relative à ce que Cuvier appelle « l'influence mutuelle, à jamais incompréhensible, de la matière divisible et du moi indivisible » ; l'autre, purement négative, fondée sur ce que les variations d'énergie résultant du travail de ces forces n'ont jamais été mesurées, ni même simplement constatées. Arrivé là, nous croyons avoir suffisamment établi leur existence réelle.

Nous essayons alors de montrer comment elles se prêtent à l'explication mécanique des deux grandes classes de faits qui ont servi à démontrer leur existence : les mouvements musculaires et les sensations.

L'état de la physiologie ne permet pas encore beaucoup plus que des conjectures sur le fonctionnement du cerveau, sur le rôle de ses cellules et de ses fibres dans le mouvement musculaire. Nous regardons cependant comme probable que les forces volontaires ne s'appliquent directement qu'à des cellules de sa substance grise ; cela suffit pour interpréter mécaniquement les mouvements. L'appropriation de l'organisme, la mémoire de l'agent volontaire, l'hérédité et ce que nous appelons le tâtonnement, nous aident à résoudre la première difficulté soulevée par cette hypothèse. La seconde difficulté, le phénomène de la fatigue, lequel ne se produit pas seulement dans les corps vivants mais dans toutes les machines un peu compliquées, ne peut faire douter de la nature mécanique des forces volontaires; car il consiste, non dans un épuisement de la puissance, mais dans une augmentation de la résistance.

Pour les sensations, dont l'étude a été poussée plus loin que celle des mouvements musculaires, nous exposons d'abord les traits généraux les plus essentiels, permettant de se former une sorte de théorie ; nous essayons ensuite de combler quelques lacunes de cette exposition en traitant certains points spéciaux.

L'excitation n'a guère besoin d'explication mécanique dans ce chapitre. La seconde partie de la sensation, *l'attention*, se compose d'un élément mécanique et d'un élément psychologique. Pour mettre le premier en évidence, nous faisons appel à l'expérience et à l'explication donnée antérieurement de la fatigue. L'expérience suffit à nous donner la loi du second. Enfin pour expliquer la *connaissance* sensible, nous joignons aux faits qui précèdent ce qui a été dit dans un autre chapitre sur la conscience de nous-mêmes et de nos actions. — La diversité des sensations n'a rien qui ne s'harmonise avec cette théorie.

Les points spéciaux traités ensuite sont la liberté limitée de l'attention, la facilité avec laquelle nous transférons l'attention d'un objet à un autre, l'attention générale qui se compose aussi d'un élément mécanique et d'un élément psychologique, le rapport numérique de la sensation avec l'excitation, et enfin la différence mécanique des sensations agréables et des sensations pénibles.

Quelque rudimentaire que soit encore cette théorie, elle suffit à nous montrer deux choses. La première est l'importance de la mécanique rationnelle dans une question qui, jusqu'à ces derniers temps, n'avait guère été traitée que par les philosophes. La seconde est l'impossibilité absolue d'en exclure la psychologie. Cette conclusion est peu encourageante pour les positivistes, qui trop souvent ne connaissent pas la mécanique et n'ont aucun amour pour la psychologie.

Il y a entre l'animal et l'homme une différence essentielle [1]. L'homme possède des facultés *sui generis*, dont il n'y a pas de traces dans l'animal ; ce sont de véritables facultés primordiales, qui ne se réduisent pas à d'autres par l'analyse, mais qui sont elles-mêmes les derniers éléments des

---

[1] Chap. viii.

facultés spécialement humaines. Telle est la conclusion de notre avant-dernier chapitre. On comprendra l'importance de cette thèse, si l'on songe que, pour la plupart des matérialistes, sa négation est le but suprême, tandis que leurs autres assertions ne sont que des moyens. Elle est d'ailleurs tout à fait opportune, après deux chapitres qui, tout en établissant une différence essentielle entre la plante et l'animal, ont semblé ranger l'animal et l'homme dans une même catégorie.

La différence fondamentale se trouve dans leur faculté de connaître. Tandis que l'homme peut connaître les phénomènes matériels, les phénomènes intellectuels et les causes substantielles dont ces phénomènes sont les actions, la faculté de l'animal ne dépasse pas les phénomènes matériels; le reste lui échappe, il ne connaît ni les phénomènes intellectuels, ni les substances. Quatre faits établissent cette dernière assertion, la seule qui ait besoin de preuves : le langage, la perfectibilité, la morale et la religion.

Les faits bien observés montrent qu'il y a une différence essentielle entre le langage humain et le langage des animaux. L'homme veut ordinairement communiquer sa pensée, l'animal veut toujours autre chose. Pour le premier, l'expression et la communication sont connues et explicitement voulues ; pour le second, elles ne sont qu'un intermédiaire, inconnu de lui, comme le sont pour nous les phénomènes cérébraux, nerveux et musculaires qui sont l'intermédiaire du mouvement volontaire. Le langage humain est d'ailleurs aussi naturel à l'homme que l'autre l'est à l'animal. La preuve en est dans le langage des gestes qui sert à apprendre le langage phonétique, et qui a probablement servi à l'invention de celui-ci, comme l'indique la correspondance des deux classes de racines avec les deux classes de gestes. Or si les animaux connaissaient les phénomènes intellectuels qui se passent en eux, ils auraient comme nous la volonté explicite de communiquer et d'échanger leurs connaissances. Il faut donc conclure des faits qu'ils n'ont pas la faculté de connaître ces phénomènes intellectuels.

La perfectibilité de l'homme et de l'animal, du moins s'il ne s'agit que des animaux supérieurs, paraît être à peu près égale sur le terrain des facultés organiques; mais pour les facultés directrices, la perfectibilité de l'homme est immense, celle de l'animal est à peu près nulle. La curiosité chez l'animal reste toujours à l'état instinctif et rudimentaire, elle semble n'avoir d'autre destination que de permettre le développement organique. Chez l'homme elle devient rapidement volontaire, et alors, loin de se rassasier, elle se développe à mesure qu'elle se satisfait. Aussi l'histoire des arts et des sciences est exclusivement humaine, et elle est inséparable de l'histoire de l'humanité. Un autre fait c'est le rôle inverse que jouent dans l'homme et l'animal l'hérédité et l'éducation. Or l'hérédité qui domine chez l'animal ne perfectionne directement que l'organisme, et l'éducation qui l'emporte chez l'homme s'adresse principalement et avec un pouvoir illimité à la connaissance et aux autres facultés directrices. Ces faits entraînent la même conséquence que les précédents ; car si les animaux avaient la notion de leurs facultés intellectuelles, le désir de les exercer ne resterait pas chez eux à l'état rudimentaire et instinctif ; dès lors l'éducation aurait sur eux, comme sur nous, un pouvoir supérieur à celui de l'hérédité.

Les faits montrent que la morale et la religion sont universelles dans l'humanité, et aussi qu'elles sont caractéristiques et n'appartiennent pas aux animaux. Or, l'analyse montre que la morale exige la conscience de nous-mêmes, c'est-à-dire la connaissance de la cause substantielle de nos actions ; et de plus une certaine connaissance de l'auteur de la loi morale. La religion suppose la connaissance d'un pouvoir supérieur, auquel elle attribue cette existence permanente qui caractérise la substance. L'une et l'autre supposent donc la faculté de connaître les substances. On peut même dire que cette faculté engendre naturellement les connaissances sur lesquelles se fondent la morale et la religion. Donc, si les animaux en jouissaient comme nous, ils devraient aussi présenter des phénomènes extérieurs de moralité et de religiosité ; et puisqu'ils n'en présentent jamais, il faut conclure qu'ils n'ont pas cette faculté.

Dans la dernière question de notre longue série, celle de l'origine des organismes végétaux et animaux [1], le chrétien est parfaitement libre ; il peut se prononcer dans un sens ou dans l'autre suivant les lumières que l'étude scientifique lui donnera ; mais le matérialiste, n'admettant pas d'autre existence que celle de la matière, est forcé, quoi que les faits puissent dire, de lui attribuer le pouvoir de s'organiser elle-même. Aussi tous les matérialistes instruits sont aujourd'hui transformistes ; mais ils ne sont pas libres, et, malgré la

---

[1] Chap. IX.

science de quelques-uns de leurs docteurs, cette remarque ébranle quelque peu leur autorité.

Nous examinons d'abord leur théorie sans déguiser aucun des faits qui peuvent l'appuyer ; au contraire, nous la prenons telle que les spiritualistes la soutiennent, c'est-à-dire débarrassée de l'absurdité évidente que les matérialistes sont obligés d'y ajouter ; et c'est dans cet état que nous la réfutons par des arguments purement scientifiques. Les efforts toujours infructueux des hétérogénistes et l'instabilité naturelle des structures organiques nous font d'abord rejeter la génération spontanée. Puis nous exposons, à la suite de M. Wallace, que nous résumons fidèlement, la théorie transformiste de l'origine des espèces et des genres, et nous la réfutons par la discontinuité que la génération sexuelle introduit dans la série organique. L'argument principal de cette réfutation peut se résumer ainsi : Si cette théorie était vraie, on devrait trouver des milliers d'exemples de types organiques capables chacun de métissage avec deux autres types qui en seraient incapables entre eux. Or un pareil fait, loin d'être la règle générale, n'est pas même une exception. On n'en connaît pas un seul exemple. Nous réfutons ensuite l'assertion de M. Wallace relativement à l'origine des familles et des autres groupes plus étendus; et nous passons à la théorie opposée, qui fait remonter l'origine des organismes et leur développement jusqu'aux espèces à une intervention intelligente et volontaire.

Nous commençons par établir, en nous fondant sur les principes indiscutables du calcul des probabilités, que la faculté de nutrition et de reproduction, faculté fondamentale de toute la série organique, est due à l'intervention de forces intelligentes et volontaires. Puis nous prouvons que la différenciation de la série jusqu'aux espèces est due à des interventions semblables, en nous fondant sur la discontinuité précédemment établie, et sur les mêmes principes du calcul des probabilités. Après ces démonstrations, le désir d'expliquer les faits nous force à recourir à l'hypothèse et à la conjecture. L'hypothèse est que les forces volontaires auraient, à diverses époques, établi de véritables communications généalogiques entre des groupes naturellement séparés, et auraient transformé les organismes en modifiant leur état embryonnaire. La conjecture est que les substances dont les forces volontaires ont été mises en jeu dans la fabrication des organismes sont des êtres fort supérieurs à l'homme, mais infiniment inférieurs à Dieu. Cette hypothèse et cette conjecture, jointes aux deux thèses démontrées qui les précèdent, ont l'avantage de donner une explication satisfaisante de tous les faits dont s'autorise aujourd'hui le transformisme, et de ceux qui lui sont invinciblement opposés. Elles ne semblent d'ailleurs contredites par aucun fait connu.

En achevant notre exploration scientifique des confins de la science et de la philosophie, nous pouvons bien nous demander si, dans cette région où s'agitent les plus grands problèmes théoriques de l'heure actuelle, nous avons aperçu quelque précipice redoutable ou quelque sommet menaçant, soit pour la philosophie spiritualiste et religieuse, soit pour la foi du chrétien. Nous n'avons rien vu de semblable, et pourtant nous n'avons pas évité les passes dangereuses, ni fermé les yeux pour échapper au vertige. Nous avons franchement attaqué toutes les aspérités, curieusement inspecté toutes les régions obscures; et loin d'avoir rien découvert qui puisse intimider nos convictions philosophiques, nous avons éprouvé avec bonheur que la science leur accordait partout, dans son nouveau domaine, la plus amicale hospitalité. Elle nous a fourni une base inébranlable pour le dogme de la création. Elle nous a fait entrevoir, dans l'état initial du monde, la providence divine disposant l'immense édifice des atomes au service de la liberté morale ; nous avons pu reconnaître dans ce plan l'efficacité de la prière, et donner au miracle sa véritable place. La nouvelle physique, en réduisant tous les phénomènes matériels à des mouvements mécaniques, nous a fait sentir la nécessité qui règne dans tout le monde purement atomique ; et par là même elle a mis en relief le volontaire qui se trouve dans les phénomènes intellectuels et assigne une nature spéciale à leurs causes substantielles. Elle nous préparait ainsi à mieux apprécier la noblesse de la nature humaine, noblesse que les faits constatés par les naturalistes mettent en dehors de toute compétition. Enfin, là même où la philosophie et la religion ne l'exigeaient pas absolument, dans l'origine si lointaine et si obscure des organismes, des arguments purement scientifiques nous révèlent l'intervention certaine de causes intelligentes. En présence de pareils résultats nous pouvons certes nous féliciter de notre exploration, et montrer avec quelque fierté, comme autrefois Christophe Colomb, les richesses que nous en rapportons.

Ceux-là seuls pourront s'en désoler, que leurs préjugés ou leurs antipathies portaient à nous présager des catastrophes. Les plus morfondus parmi eux sont certainement les positivistes. Ils sont aussi les plus maltraités. Non seulement la physique moderne, qui n'a rien de commun avec leur ancêtre Épicure, a mis parfaitement en lumière l'argument spécifique du libre arbitre qui renverse leur matérialisme; mais elle nous en a fourni deux autres, complètement indépendants et tous deux péremptoires : l'un est fondé sur l'impossibilité évidente de réduire les actions intellectuelles et morales à de simples mouvements mécaniques, l'autre sur l'absurdité essentielle de la réversion appliquée à ces mêmes actions. Ce qu'ils appellent eux-mêmes leur *axiome essentiel*, l'éternité de la matière, a été clairement réduit à un pur non-sens, et la nouvelle loi générale découverte par la thermodynamique en a également fait justice. Les forces volontaires qu'ils sont obligés de nier ont été mises en évidence dans les mouvements musculaires et les sensations, voire même dans l'origine et la construction du monde organique. Enfin la science oblige de revendiquer pour l'homme, qu'ils veulent ravaler au rang des animaux, des facultés *sui generis* dont ceux-ci n'ont pas même un premier rudiment. Voilà, comme résultat d'une recherche purement scientifique, autant d'assertions qui suffisent chacune pour les confondre, et dont les preuves sont clairement données dans cette série d'études. Je ne sais s'ils relèveront les assertions ; ce qui me paraît certain, c'est qu'ils ne diront rien des preuves.

Les preuves, le raisonnement qui part du connu dans les prémisses pour saisir dans la conclusion ce qui était inconnu, l'argumentation qui se présente honnêtement à la critique, mais demande franchement l'adhésion quand elle a supporté cette épreuve, voilà ce que le positivisme n'a jamais aimé, ni dans ses propres thèses, ni dans celles de ses adversaires. Cela paraît contraire à sa nature ; il pose toujours, il ne prouve jamais. C'est peut-être sa devise et la vraie origine de son nom ; c'est en tout cas sa note la plus caractéristique. Parfois il en convient lui-même. Nous avons vu M. Littré affirmer l'éternité du monde tout en proclamant qu'il est impossible de la démontrer. Nous avons vu M. Tyndall se prononcer catégoriquement pour l'organisation spontanée de la matière, tout en déclarant que c'est un mystère insoluble, situé « au delà des limites de la démonstration expérimentale ». Et vraiment, quand on songe à ce qu'ils devraient prouver, on ne peut qu'admirer la prudence de ces maîtres ; tout essai de démonstration risquerait fort d'ébranler la foi des néophytes. Leur prudence est plus grande encore, s'il est possible, à l'égard des preuves de leurs adversaires. Nous la connaissons de longue date, et nous avons souvent apprécié les sacrifices que, dans l'intérêt supérieur du système, elle impose à leur fierté. Plusieurs de nos lecteurs se rappellent peut-être l'étrange campagne ouverte un jour, assez à l'étourdie, contre la Société scientifique de Bruxelles, dans la *Philosophie positive, revue dirigée par É. Littré et G. Wyrouboff*. On affirmait, sans preuves naturellement, que les membres de cette Société « ne tiennent réellement pas beaucoup à faire progresser la science », que « c'est là le moindre de leurs soucis », que, si l'on a parlé de la science dans leurs assemblées, « c'est pour organiser contre elle une véritable croisade », etc. Pour donner plus d'importance à ce bel article, la direction de la *Philosophie positive* ajoutait en note : « Nous aurons plusieurs fois l'occasion d'examiner les travaux de la Société scientifique fondée par les catholiques. » Cela se publiait dans la dernière livraison de 1877. Aussitôt nous reproduisîmes le tout *in extenso*, article et note, dans notre première livraison de 1878 [1]; en soulignant convenablement l'engagement de la note qui, à vrai dire, nous paraissait

[1] *Revue des questions scientifiques*, janvier 1878, pp. 225 et suiv.

incroyable, et en accompagnant l'article de quelques réflexions. Nous savions bien, et nous le disions d'avance, que la *Philosophie positive* se garderait d'imiter notre exemple, et ne reproduirait pas notre réponse. Mais, malgré notre expérience de la bravoure positiviste, nous ne nous attendions pas à la voir se dérober si vite, et se cacher si piteusement après la première parade. Depuis lors elle n'a pas plus soufflé mot, et ses lecteurs n'ont plus rien appris des travaux de la Société scientifique fondée par les catholiques. Plusieurs fois nous avons rappelé à ses chefs l'engagement qu'ils avaient pris. Ils firent la sourde oreille, trouvant plus sage d'être satisfaits de notre réponse, et plus prudent de n'en rien dire. Désormais le mot d'ordre était changé ; silence dans les rangs, la consigne est de se taire. Et voilà trois ans que, sans jamais ménager leurs doctrines et en ne ménageant pas toujours leur amour-propre, nous attendons qu'ils tiennent leur promesse. « Vous attendrez longtemps, me disait un ami. Il n'y a pas un monastère où la règle du silence soit mieux connue et plus fidèlement observée [1]. J'ai

---

[1] On peut lire l'avis suivant sur la couverture de la *Philosophie positive :* « Les ouvrages de Science, de Philosophie ou de Politique nouvellement parus, adressés par les auteurs ou les éditeurs à la rédaction de la *Revue*, seront

vu l'autre jour, dans le *Monde maçonnique* ou dans la *Chaîne d'union*, que l'un des directeurs de la *Philosophie positive*, le frère Wyrouboff, est Orateur de la L∴ *la Rose du Parfait Silence;* et je me suis dit que beaucoup de positivistes peuvent prétendre au même titre. Il m'est évident qu'ils n'ont eux-mêmes aucune confiance dans leurs principes ; et c'est pour cela qu'ils invoquent aujourd'hui partout, contre leurs adversaires, l'appui du bras séculier. » Notre ami avait raison ; leur cause est trop mauvaise pour accepter la libre discussion.

Il y a pourtant des savants parmi eux, et quelques-uns même ont acquis une juste célébrité. Pourquoi pas ? On trouve bien parmi les philoso-

dorénavant annoncés sur cette page. La rédaction prévient toutefois qu'elle n'admettra ni les œuvres ayant un caractère théologique, ni celles qui sont contraires à l'esprit moderne. » Et *cette page* donne, sous le titre *Nouvelles Publications*, une liste toujours à peu près la même d'ouvrages bien pensants. On y voit entre autres : *Christianisme et Papauté, L'ancienne et la nouvelle Foi,* qui n'ont sans doute aucun « caractère théologique ». En revanche notre réponse, même nouvellement parue, et quoique adressée par l'auteur à la rédaction de la *Revue,* n'y a jamais figuré. On l'aura probablement trouvée « contraire à l'esprit moderne ».

phes des esprits distingués qui n'en sont pas moins incapables de comprendre les faits scientifiques et d'apprécier la valeur d'une démonstration qui satisfait à bon droit les savants ; pourquoi ne trouverait-on pas çà et là un naturaliste, un chimiste, un physicien qui, tout en connaissant parfaitement les provinces intérieures de son domaine, n'en serait pas moins incapable de se reconnaître sur les confins de la philosophie ? Et puis, les savants sont des hommes, sujets aux passions humaines, plus exposés même que les autres à l'orgueil, et par suite à l'aveuglement. Leurs divagations sont plus dangereuses, parce qu'il y a toujours de pauvres gens qui les prennent pour chefs et pour guides ; c'est pour cela que nous avons entrepris de bien montrer que ce sont des divagations. Mais, ce devoir accompli, il ne nous reste qu'à les plaindre et à prier pour eux ; les plaindre, parce que c'est au Tout-Puissant qu'ils déclarent la guerre, prier pour eux, parce que Dieu leur offre encore la paix et le pardon.

C'est pour guérir leur aveuglement qu'il a fait descendre près d'eux la lumière véritable qui éclaire tout homme venant en ce monde ; c'est pour les ramener à lui qu'il a établi sur la terre le trône éternel de son Christ. Aussi, en célébrant la naissance du Verbe incarné, la première prophétie que l'Église rappelle à ses fidèles au commencement de la messe de minuit, ce n'est pas le cantique des anges : Gloire à Dieu dans les cieux, et paix sur la terre aux hommes de bonne volonté ; c'est un psaume adressé par David aux ennemis de Dieu : Peuples, pourquoi frémir et concevoir des projets insensés ? *Dominus dixit ad me : Filius meus es tu, ego hodie genui te. Quare fremuerunt gentes et populi meditati sunt inania ?* Par là, elle nous invite à prier pour ces malheureux révoltés ; car, comme le dit ce psaume, la confusion et la ruine les attendent, s'ils ne se repentent à temps de leur folle entreprise.

FIN.

TABLE DES MATIÈRES

CHAPITRE VI.

LES ACTIONS VITALES. — LES FORCES VOLONTAIRES.

SOMMAIRE. — Le volontaire dans le monde matériel. — Les phénomènes vitaux. — Deux questions à étudier. — Il y a des actions matérielles soustraites à la nécessité. — L'harmonie préétablie. — Les actions purement atomiques sont nécessaires. — Le volontaire ne se montre que dans la classe des phénomènes nerveux. — Y a-t-il dans les autres classes un caractère ultra-atomique ? — Phénomènes de chimie organique. — Phénomènes d'organisation. — Phénomènes purement mécaniques. — Les forces mécaniques volontaires. — M. Boussinesq. — Exposé élémentaire de sa découverte — Application qu'il en fait aux mouvements volontaires. — Réfutée par la considération des *solutions instables*. — Conclusion : Il existe des forces mécaniques volontaires 1

CHAPITRE VII.

LES FORCES VOLONTAIRES (SUITE). — LES MOUVEMENTS MUSCULAIRES ET LES SENSATIONS.

SOMMAIRE. — Résumé de l'argument fourni par l'*instabilité*. — Dernier recours des solutions singulières. —

Examen de deux autres difficultés soulevées par la théorie des forces volontaires. — Période cérébrale des mouvements musculaires. — Peut-on vouloir et exécuter des mouvements dont on ignore le détail? — La fatigue. — L'excitation extérieure, l'attention, la connaissance. — Limites de la liberté dans la sensation. — L'attention générale. — Rapport numérique de l'excitation et de la perception.— Sensations agréables ou pénibles . . **85**

CHAPITRE VIII.

LA DIFFÉRENCE ESSENTIELLE ENTRE L'HOMME ET LES ANIMAUX.

Sommaire. — Les caractères organiques, malgré leurs rapports avec la différence essentielle, sont insuffisants pour la constituer. — La différence fondamentale se trouve dans la faculté de connaître. Méthode générale de comparaison. — Langage animal et langage humain. — Perfectibilité. — Morale et Religion. — Conclusion : L'homme possède des facultés *sui generis* dont il n'y a pas de trace dans l'animal **145**

CHAPITRE IX.

L'ORIGINE ET LA FORMATION DES ORGANISMES.

Sommaire. — Limites de la question. — Dans cette recherche scientifique, le chrétien est libre, le matérialiste ne l'est pas. — La doctrine qui nie l'exécution volontaire de plans intelligents remonte aux épicuriens. — Principaux faits invoqués aujourd'hui en sa faveur. — Pour la première organisation, cette doctrine, quand elle n'est pas absurde, est dénuée de preuves.—Et il y a contre elle deux faits importants.—Comment elle explique le développement de la série organique, d'après M. Wallace. — Réfutation de la partie principale de cette théorie par la discontinuité généalogique. — Réfutation de l'autre partie. — Doctrine contraire, démontrée par le calcul des probabilités. — La faculté de nutrition et de reproduction est due à l'intervention volontaire de forces intelligentes. — Il en est de même de la différenciation de la série organique en espèces. — Communications entre des groupes naturellement séparés.—A quels agents faut-il attribuer les forces organisatrices ?   **201**

RÉSUMÉ ET CONCLUSION.

Sommaire. — Analyse et liaisons des chapitres précédents. — Principaux résultats philosophiques de cette exploration scientifique. — Les positivistes n'y opposeront guère d'arguments. — Il y a pourtant des savants parmi eux. Nous avons dû réfuter leurs erreurs. Il nous reste à les plaindre et à prier pour eux **301**

BRUXELLES. — IMP. ALFRED VROMANT.

MÊME LIBRAIRIE

NOUVELLE BIBLIOTHÈQUE SCIENTIFIQUE

A TROIS FRANCS

Les Causeries du docteur, par le Dr Derouet 1 vol. in-12 de 332 pages.

Comment s'est formé l'Univers, suivi de Sic itur ad astra, par Jean d'Estienne (2e édition revue et augmentée). 1 vol. in-12 de xii-330 pages.

Traité pratique de Chimie agricole et de Physiologie, par A. Proost, professeur à l'Université catholique de Louvain, secrétaire perpétuel de la Société centrale d'Agriculture de Belgique. 1 vol. in-12 de 40 pages.

Le Darwinisme et l'Origine de l'homme, par l'abbé A. Lecomte, docteur ès sciences naturelles (2e édition, considérablement augmentée) 1 vol. in-12 de xiii-411 pages.

Les Ignorances de la science moderne, par Eugène Loudun. 1 vol. in-12 de xii-283 pages.

La question de Galilée, les faits et leurs conséquences, par Henri de L'Épinois, 1 vol. in-12 de 332 pages.

Les Savants illustres du XVIe et du XVIIe siècle, par C. A. Valson, doyen de la Faculté catholique des sciences de Lyon. 2 vol. in-12 de 376 pag. chacun.

www.ingramcontent.com/pod-product-compliance
Lightning Source LLC
Chambersburg PA
CBHW050757170426
43202CB00013B/2463